职场幸福课：
把工作折腾成自己想要的样子

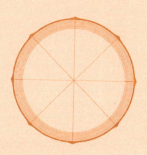

王鹏程 著

机械工业出版社

本书通过四部分内容，深入探讨了职场幸福的核心要素。首先，它强调了思维对人生的决定性作用，引导读者树立正确的思维模式；接着，书中提出了积极面对未来的策略，鼓励读者不断突破自我，实现个人成长和收入跃迁，书中强调了人际关系的重要性，并提供了建立和维护人际关系的实用方法；最后，作者鼓励读者与自我对话，选择想要的人生，拥抱自由和自主。本书适合广大职场人士及希望提升自我认知和幸福感的读者阅读，帮助他们实现自己的人生价值。

图书在版编目（CIP）数据

职场幸福课：把工作折腾成自己想要的样子 / 王鹏程著. -- 北京：机械工业出版社，2024.8（2024.11重印）. -- ISBN 978-7-111-76565-3

Ⅰ. C913.2-49

中国国家版本馆CIP数据核字第20245HR122号

机械工业出版社（北京市百万庄大街22号　邮政编码100037）

策划编辑：梁一鹏　　　　　　责任编辑：梁一鹏
责任校对：郑　婕　梁　静　　责任印制：常天培
北京机工印刷厂有限公司印刷
2024年11月第1版第2次印刷
148mm×210mm • 5印张 • 1插页 • 98千字
标准书号：ISBN 978-7-111-76565-3
定价：58.00元

电话服务　　　　　　　　　　网络服务
客服电话：010-88361066　　　机　工　官　网：www.cmpbook.com
　　　　　010-88379833　　　机　工　官　博：weibo.com/cmp1952
　　　　　010-68326294　　　金　书　网：www.golden-book.com
封底无防伪标均为盗版　　　　机工教育服务网：www.cmpedu.com

再版前言

2016年1月,我离开了工作15年的外企,开始创业,成立了鹏程管理学院,做企业培训和管理咨询。

作为一名相对资深的培训师,我可以讲授包括"高效能人士的七个习惯""关键对话""情境领导""教练式经理人""变革管理"等十几门经典课程。但作为一个不安分的人,我不想再拾人牙慧,而要创造一门属于我自己的,具有强烈个人色彩的课程。呕心沥血,我终于推出了"职场幸福课"。

该课程自上市以来,由于定位精准、结构系统、简单有效,受到国企、外企、私企、公务员系统等各类组织的广泛欢迎,并被北京大学引入2016届MBA和国际MBA课堂。

到目前为止,已经有超过300家企业采购"职场幸福课"作为内训课程;公开课学员超过了2000人,并且培养了超过400名此课程的授证讲师。

职场幸福,看似复杂,抽丝剥茧后就四个系统(如图0-1所示)。

职场幸福课：把工作折腾成自己想要的样子

职场幸福四要素
图 0-1

第一系统：思维模式

这是基础，是你和自己的关系。就是你如何看待自己，如何看待职场，如何看待这个世界。思维模式，决定了你能否幸福。这一课，我们会帮学员建立积极、正向的思维模式。

第二系统：自我发展

这是你和未来的关系。不能在职场达成个人目标、实现个人期望的员工，不可能幸福。所谓成功，就是逐步实现那些预先设定的、有价值的个人目标。所谓幸福，就是通过努力，让生活一步步变成自己期望的样子。这一课，我们会引入经典的目标设定工具，配备实用的个人战略管理手册，帮学员设目标、订计划。让学员的职场与生活得以平衡圆融，简洁高效易执行。

第三系统：人际关系

这是你和他人的关系。据统计，和直接主管或同事关系恶劣是和薪水低、发展空间受限并列的，导致企业员工离职的重要原因。这一课，我们会教学员如何跟各种性格的同事沟通，如何在职场中得心应手、游刃有余，实现员工和企业的双赢。

第四系统：工作意义

这是你和世界的关系。人这种动物，吃饱穿暖后还会琢磨"为什么活着"。这一课，我们会带领学员探索工作的意义。只有在工作和生活中找到意义的人，才会拥有动力和激情。

简言之，"职场幸福课"就是要帮助学员：升级思维模式，搞定自己；完成目标和计划，搞定工作；处理好人际交往，搞定关系；在生活有余力的基础上，活出一点点意义！

这门课程标准课时是两天，课程最大的特点是配备我和北京林业大学于翠霞老师共同开发、机械工业出版社出版发行的《圆梦职场——个人战略管理手册》，确保课堂理念在实际工作中践行。它不同于你所知道的幸福课，不熬鸡汤，不做瑜伽，不搞冥想；不哄内在小孩儿，不玩身心灵，不搞断舍离。只提供最最有效的方法和工具，在保证单位绩效要求的基础上，提升员工的积极性和幸福感。

再版的书中增加了部分新内容，也修订了上一版的一些问题，特别是关于案例的部分，希望这本书能够帮到大家。

前　言

2016年2月，我招收了200名学员，在网上开了一门课，叫作"职场幸福课"。

作为课前热身，在学员微信群里，我发起了一个"我所理解的幸福"活动。请学员们以"我所理解的幸福……"开头，写下他们对于幸福的看法。真是一千个读者眼中就有一千个哈姆雷特啊，群里200名学员的答案千差万别，相去甚远。

我试着总结归纳为"幸福九式"。

1. 简单粗暴式

我所理解的幸福，就是有钱、有爱、有说"不"的权利。我所理解的幸福，就是实现了内心真正想要达到目标。我所理解的幸福，就是获得自己想要的成就，拥有和谐融洽的人际关系。

2. 面面俱到式

我所理解的幸福，就是父母安康不需要我挂念，爱人工作顺利并稳步升职，孩子学业尚可且知书达理，自己工作顺心,想要实现的通过努力可以够得到。我所理解的幸福,就是自己、家人、朋友都健康平安,互相关心,大家做自己喜欢的事情,还能赚到足够多的钱,去获得想要的快乐。总之,现在缺少的都得到了,就幸福。我所理解的幸福,就是有足够的财富,做自己喜欢的事。带家人一起旅行,有固定的时间陪伴家人。有一份自己喜欢的稳定的工作,有自己的知己好友。最后,就是用心地做好每一件事,让自己不要后悔。

3. 活在当下式

我所理解的幸福,就是享受当下,享受那一刻感受到的内心平和。我所理解的幸福,就是一种感受,幸福就是接纳每个当下的感受。我所理解的幸福,就是当下的每一秒都是在无意识的愉悦状态下度过的。即使下一秒就离开人世,也无丝毫遗憾。

4. 小富即安式

我所理解的幸福,就是自己和家人都能身心健康。我所理解的幸福,就是物质上多向下比,少向上比;幸福不是得到的多,而是计较的少。我所理解的幸福,就是合适,刚刚好,就像抢红包,抢多了会心有不安,不好意思,抢少了会觉得手气差,难免遗憾。抢得不多不少刚刚好就是幸福。

5. 价值导向式

我所理解的幸福,就是不用思考自己是否幸福,而是每天都把时间花在如何为他人创造幸福上。我所理解的幸福,就是从容、平衡和有价值,能从容应对生活、工作和情感,无论发

职场幸福课：把工作折腾成自己想要的样子

生任何事情，都不至于失去平衡不能驾驭，总之，就是成为一个有价值、平和、温暖的人。

6. 忠于信仰式

我所理解的幸福，就是坚守自己的信仰，它能为我指引人生方向。虽然人生中会经历各种挑战和困难，但我的信仰总会让我看到它为我准备的美好未来。这份信仰让我有力量去面对一切，相信未来会更加美好。

7. 风花雪月式

我所理解的幸福，不是天上掉下来的"林妹妹"，而是幸福不负有心人；不是众里寻他千百度，而是蓦然回首的灯火阑珊处；不是虚无缥缈的幻想，而是触手可及的现实；不是苦苦寻觅，而是身边的每一个瞬间。幸福，就是这样摸不见看不着，却又如影随形随处可见，就看你是否用心去触摸她、拥抱她。

8. 自由自在式

我所理解的幸福，就是自己觉得幸福就是幸福。在人来人往中看见自己，接纳所有的不完美，活出自己内心的欢喜。我所理解的幸福，就是独处时不觉得世界太安静；从众时不觉得世界太喧闹；幸福是在这里，就接受在这里的自己。我所理解的幸福，就是和亲密的人相互独立而彼此欣赏，相聚则开怀畅饮，分别则各赴前程。不牵扯，无挂碍。

9. 细致入微式

我所理解的幸福，就是去滑雪时爱人帮忙领装备，教我关

前言

键技术，帮我拿雪橇。穿着滑雪鞋走不利索时，他说："老婆，当你老了，我还这样照顾你。"我所理解的幸福，就是姥爷去地里给家里的兔子割草，手指扎进了刺，回来后，在门口阳光处，姥姥戴着老花镜帮他处理。姥爷突然说："你这哪是挑刺啊，你这是在挖坑。"姥姥低头偷笑："年纪大了，眼神不好了。"他们的相濡以沫，就是我看到的幸福。

无论哪一式，都是我的学员对幸福的独特理解和感受，无关对错。你呢，你所理解的幸福是什么，能归纳进哪一式？或许，你的理解十分独特，并没有被以上清单涵盖。

最后，作为"职场幸福课"讲师，说一下我对幸福的理解。

我所理解的幸福，就是通过努力，让生活一步步变成自己所期望的样子。这里面有三个关键词：自己，所期望的样子，一步步。

第一，自己。

幸福是自己的事儿，无关他人。我们不应该因为环境的裹挟，而为父母、爱人、朋友或他人的期待而活。我的幸福，一定是我自己定义的。正如尼采所说，你应该搞清楚自己人生的剧本，你不是父母的续集，子女的前传，朋友的外篇。你就是你，对待生命你不妨大胆和冒险一些，因为好歹你终要失去它。

第二，所期望的样子。

你人生的剧本是什么，你期望的幸福是怎样的？我们不能随波逐流，生活给什么，我们就要什么。而是提前描绘出自己期望的幸福，然后，朝着它进发。想象一下向空中射箭，箭在空中飞一段，而后坠落地面。现在想象一个标靶，你目光锐利精准地盯住靶心，屏住呼吸，站稳脚步，拉满弓，然后，张手放箭！箭击中标靶！没有靶子，你无处瞄准；没有瞄准，你就没机会击中标靶。

所以，你所期望的幸福，是什么样子的？那就是你的标靶。

第三，一步步。

幸福不仅仅是赚了多少钱，获得多高的地位，取得了多大名气。结果固然重要，而一步步追求幸福的过程，更重要。幸福不仅是结果，更是过程。这正如恋爱和婚姻。追逐幸福的过程，就是恋爱；获得幸福的结果，就是婚姻。

这就是我理解的幸福，你所理解的幸福，是什么呢？

目 录

再版前言

前言

第一课　你的思维，决定你的人生 ……………………1

　　一、生命的真相 ……………………………………1
　　二、你期望的结果，就是你得到的结果 ……………5
　　三、思维模式的对与错 ……………………………9
　　四、我不懂你，但我尊重你 ………………………12
　　五、怎样才能活得更好 ……………………………14
　　六、不忘初心，方得始终 …………………………17
　　七、他没那么完美，也没那么幸福 ………………21
　　八、幸福，源于和自我比较 ………………………23
　　九、把生活折腾成自己想要的样子 ………………27
　　十、行为影响思维 …………………………………30

第二课　向前一步，直面未来的自己 ········ 37

一、如何管理个人战略 ·········· 37

二、焦点在哪里，能量就流向哪里 ·········· 44

三、别让过去绑架了你的未来 ·········· 48

四、如何做一个以终为始的人 ·········· 53

五、不要在该折腾的年纪选择安逸 ·········· 60

六、从当下的苟且，到诗和远方 ·········· 62

七、职场专业主义，你的专业是什么 ·········· 64

八、怎样才能实现收入跃迁 ·········· 67

九、成长就是不断突破舒适区 ·········· 70

十、成长，才能拥抱未来 ·········· 74

十一、向前一步，滚动你人生的雪球 ·········· 78

第三课　社交时代，别独自用餐 ········ 84

一、三种人际关系和六种思维模式 ·········· 84

二、能力和人际，你缺了什么 ·········· 87

三、你不够优秀，认识谁都没用 ·········· 95

四、职场江湖，原则当道 ·········· 97

五、你若没有底线，别人就会践踏 ·········· 100

六、做生活的"旁观者" ·········· 102

七、友谊的小船儿，为什么说翻就翻 ·········· 105

八、价值对等，从上堆到下切 ·········· 109

九、福杯满溢，自爱爱人 ……………………112

十、别让情绪控制了你的人生 ………………117

十一、发脾气的正确姿势 ……………………120

第四课　与自我对话，选择想要的人生 …………123

一、你是谁，要到哪里去 ……………………123

二、给自己的人生找到意义 …………………126

三、别给自己的人生留下遗憾 ………………129

四、世间最难的事：认识你自己 ……………130

五、张开双臂，拥抱这自由自主的时代 ……136

六、没有谁的话可以左右你的人生 …………139

七、每一个昂扬的生命，都值得被赞赏 ……143

八、春节年年有，记忆最深的，只有那么几个……145

职场幸福课：
把工作折腾成自己想要的样子

第一课
你的思维，决定你的人生

一、生命的真相

幸福不过是种感受。说白了，你觉得自己幸福，你就幸福；你觉得自己悲催，你就悲催。我们幸福与否，只有10%取决于发生在我们身上的事；另外90%，都取决于你怎样理解、诠释、看待发生在你身上的事。

所以我把思维模式作为职场幸福模型的底层基础，它决定了其他三个系统的高度和深度。没有积极正向的思维模式，自我发展就纯属受环境所影响的偶然事件，人际关系就取决于所遇人群的善恶美丑，工作意义也就无法被认真而深入地挖掘和探索，如图1-1所示。

《高效能人士的七个习惯》一书中有一个关于思维模式循环的模型，如图1-2所示，我个人非常非常推崇这个模型。它的意思是，我们每个人对自己和这个世界，都有独特的看待、理解、诠释的方式。这就是我们的思维模式，它如同眼镜，每个人都戴着它看世界。

职场幸福四要素

图 1-1

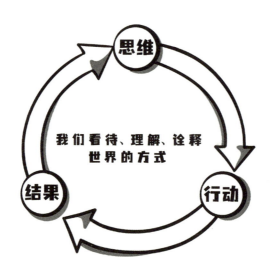

思维模式

图 1-2

第一课　你的思维，决定你的人生

人们看到的世界，不过是透过自己的思维看到的样子而已，并不是真实的世界。思维决定人们的行为，而行为导致结果。那么，人们的思维，主要受哪些因素影响呢？

我们一共有三个自我：基因决定的自我，环境影响的自我，意义塑造的自我。

1. 基因决定的自我

如今的教育，过多夸大了环境的影响，所以家长玩命儿给孩子择校，送孩子上各种补习班。其实，智商、情商等，受基因影响很大。

比如，一个人是积极还是消极，一定程度上是天生的。心理学家经过实验得出结论，人大脑前额的额叶部分，对人的影响很大。如果你的左额叶比较活跃，恭喜你，你天生就积极乐观。如果你的右额叶比较活跃，同情你，你天生就消极悲观，别人觉得你的日子挺好，你却每日唉声叹气，愁眉不展。

2. 环境影响的自我

老婆在医院生二胎的时候，我陪床。旁边床位也是个二胎待产的孕妇，她的婆婆在伺候她。她们家老大，一个三四岁的男孩儿在旁边玩玩具汽车。我闲着无聊，就和孕妇的婆婆搭讪："阿姨，您这孙子长得真俊啊！"

这个天津的老太太一听，特别高兴："嗨，我这孙子，不光长得俊，还灵呢！"

我说："是嘛，宝贝儿看着就灵。"

老太太进一步证实:"是啊,可灵了,不信你听听。"她转头问正在玩耍的孙子:"宝贝儿,咱们家谁最傻?"

那个小男孩正投入地玩汽车,头都没抬且稚气而流畅地回答:"我爸爸!"

我瞪大眼睛,下巴差点儿掉下来,"啊?"

老太太接着显摆,"宝贝儿,咱们家谁第二傻?"

小男孩儿对答如流:"我爷爷!"

"哈哈哈……"我惊讶而配合地大笑,"这孩子确实灵,确实灵。"

我真的不知道,这样的家庭,将来会把孩子培养成什么样。环境包括家庭环境、教育环境、社会环境、会对一个人的思维模式,产生极其深刻的影响。

3. 意义塑造的自我

基因决定了很大一部分,环境又影响深刻,那么我们能操控些什么呢,难道终其一生做基因和环境的奴隶?当然不是,我们还有第三个自我,那就是超越基因和环境的限制,经由目的和意义塑造的自我。

我们都有两次生命,第一次是出生,而第二次,是找到生命的意义和目的。第一次,不过是肉体的诞生,第二次,才是生命真正的开始。

自那天起,你就知道,龙生的,不一定要做龙;凤生的,不一定要当凤;老鼠生的,也不一定非要打洞。我们不能把生命的现状,你的样子,完全推责给基因。基因表示很无辜。

第一课　你的思维，决定你的人生

自那天起，你就知道，环境无法决定一切。同样贫困的家庭，有的孩子选择自暴自弃，有的孩子选择不懈努力；同样枯燥的工作，有的员工得过且过，有的员工在工作之外，找到了缤纷的天地；同样无聊的人生，有的人把庸庸碌碌当成了平凡可贵，而有的人却创造了无限的精彩。我们不能把生命的现状，你的样子，完全推责给环境。环境表示很无奈。

基因决定了很多，环境影响了你我，但，我们总可以做些什么。通过寻找目的和意义，去重塑自我。

二、你期望的结果，就是你得到的结果

在"职场幸福课"上，谈及幸福四要素时，我总是反复强调"思维模式"。思维模式，就是我们看待、理解、诠释世界的方式，它是人生能否幸福的关键和基础。境由心生，你觉得自己幸福，你就幸福；你觉得自己悲催，你就悲催。你怎么想，都是对的。思维模式，对人生有决定性的影响。

比如说，你怎么看待压力？如果用一句话总结对压力的看法，你更认同下列哪个描述？

压力有害，应该规避、减轻、管理。

压力有益，应该接纳、利用、拥抱。

相信很多人，包括两年前的我，会毫不犹豫地选第一个。

多年以来，我们都接受并传播同样的信息：压力有害。我们知道压力会导致疾病，提高从患普通疾病到重症的风险。同

时压力会杀死脑细胞，破坏 DNA，加速衰老。而且我们也听过上千遍的减压建议——深呼吸、保证睡眠、管理时间。

总之，尽你所能，减少压力。

而 2006 年，心理学界有了一个令人震惊的科学发现。1998 年，三万名美国成年人被邀请回答，过去一年他们承受的压力状况。同时他们被问道："你认为压力有碍健康吗？"八年后，研究人员彻查了公开的记录，以找出三万参与者中哪些人去世了。

坏消息是，高压提高了 43% 的死亡风险。

但是，引起我们注意的是，提升的死亡风险，只适用于那些相信压力对健康有害的人。那些报告承受了高压力，但不认为压力有害的受访者，并不容易死亡。实际上，他们是受访者中死亡风险最低的，甚至低于那些报告自己只承受着很少压力的人。

研究人员得出结论：压力本身并不会杀人，而压力加上认为压力有害的信念会。

根据美国疾病预防与控制中心的数据，"相信压力有害"已成为全美第十五大导致死亡的原因，比皮肤癌、艾滋病和自杀夺取的生命还要多。

思维模式，或者说某些信念，甚至会影响寿命。比如说，对于变老持积极态度的人，比那些对变老持消极态度的人活得更久。

耶鲁大学研究人员曾经做过一项经典研究，他们对一群中年人跟踪了二十年后发现：那些中年时对变老持积极态度的人，比那些持消极观点的研究对象，平均多活了7.6年。

原因在于，对变老持积极态度的人，更愿意采取运动、戒烟、健康饮食等方式来保持良好身体状况。而持消极态度的人，大部分就稀里糊涂等死了。

另一个会影响寿命的因素和信任有关，那些认为他人可信的人活得更久。

杜克大学做过一项为期15年的研究，在一群超过55岁的受访者中，60%认为他人可信的人在项目结束时还活着。与此呈鲜明对比的是，60%对人性持怀疑态度的受访者已经去世了。

当涉及健康和寿命时，有些信念至关重要。

哥伦比亚大学心理学家艾丽娅·克拉姆，曾经以"想想就能减肥"和"相信健康即会健康"两句口号，博取了公众的眼球。她在全美七家酒店招聘服务员，做一项信念如何影响健康和体重的研究。打扫酒店是份辛苦的工作，每小时会消耗超过300卡路里。与锻炼相比，这相当于举重、水上有氧运动、每小时走3.5英里的消耗量。然而，克拉姆招聘的服务员中，有三分之二的人认为自己没有规律地锻炼身体，三分之一的人说从来不运动。她们的身体反映了自己的想法。服务员的平均血压、腰臀比和体重显示，她们好像从没劳作，就像每天久坐一样。

克拉姆设计了一个标签，说明服务员的工作等同于锻炼。

二 职场幸福课：把工作折腾成自己想要的样子

铺床、收拾地上的浴巾、推重重的行李车、吸尘，等等，这些都需要耗费体力。标签上甚至包括做每项工作燃烧的卡路里，比如，一个140英镑重的妇女，打扫浴室15分钟，将消耗60卡路里。

在七家酒店里，克拉姆选了四家，把这个信息传达给服务员。克拉姆告诉服务员们，她们的工作，完全达到或超过了卫生局局长建议的运动标准，对身体健康有益。

另外三家酒店的服务员是控制组，她们接收到运动对健康有益的信息，但没被告知自己的工作等同于锻炼。

四周之后，克拉姆回访了这些实验对象。那些被告知工作等同于锻炼的服务员，体重和体脂率都有所下降，血压也趋于正常了，甚至变得更喜欢自己的工作。

而工作之外，她们没做任何行为调整，唯一改变的就是观念，她们把自己当作锻炼者。相比较，控制组的服务员，在以上方面，没有任何提升。

那么，这是不是意味着，如果告诉自己看电视可以燃烧卡路里，你就能减肥呢？

对不起，不会。

克拉姆告诉服务员的是对的，她们的确在运动。只是研究开始时，服务员没有那样看待自己的工作而已。相反，她们更倾向把收拾酒店看作对身体的煎熬。

当两种结果都有可能时，就像上述研究中，锻炼的好处或体力活儿的劳累——人们的思维模式会影响最终结果。她得出结论,服务员将工作视为锻炼的想法,转化了工作对身体的影响。换句话说,你期望的结果,就是你得到的结果。

好神奇啊!的确,思维模式,就是这么神奇。你的思维,决定了你的行为;你的行为,会带来你想要的结果。境由心生。你,就是你的思想。

三、思维模式的对与错

受基因决定、环境和意义塑造,思维模式千差万别。那么思维模式有正确和错误之分吗?

好好思考一下,不要草率回答。

在课堂中,大部分学员在思考过后说:思维模式没有正确和错误之分。而实际上,是有的。你的思维模式,或者说看法,可以千差万别,可以特立独行,然而,符合以下三个条件的思维模式,才是正确的,或者说是相对正确的思维模式。

首先,思维模式必须符合公序良俗。

所谓公序良俗,是指国家社会的存在及其发展所必需的一般秩序和一般道德。这些法则,无论如何都不能违反。

有一天,一位家长在班级微信群里向我投诉:"你得管管你女儿了!"

我赶紧询问:"怎么了?"

她生气地说:"你女儿不是英语小组长吗,英语老师懒,期中考试不愿意一个一个考学生,就让每个小组长考小组的同

职场幸福课：把工作折腾成自己想要的样子

学。我女儿，只有一个单词不会读，你女儿就不让我们通过。可是有个男生，一个单词都不会读，送了你女儿一块橡皮，她就让人家及格了！"

晚上，我狠狠批评了女儿一顿，并且让她第二天就把受贿的橡皮还给男同学。我闺女怯生生地说，橡皮已经用了。第二天送她上学，我特地在校门口又买了一块橡皮，让她还给人家。

我告诉她说："作为小组长，如果索贿受贿，以后就没办法管理同学们了，就会失去威信。"

她违反了公平竞争的原则。

其次，思维模式必须符合社会大势。

如今的社会，变化速度之快，前所未有。唯有保持开放的心态，拥抱变化，才能跟上时代的脚步。

比如 AlphaGo 战胜韩国的棋手李世石，以及后来披着"大师"的外衣，战胜各国顶尖棋手，取得 60 连胜，预示着人工智能时代已经开启。恐怖的不是机器战胜人，而是这台机器可以自己学习和演化。设定了初始程序之后，它在对弈过程中，会不断研究和学习对手的招数，然后自我进化和提升。它会在极短的时间内，从围棋初段，晋级到九段水平。人类围棋最高段位就九级，如果有十八级，AlphaGo 也可以在短期内晋升到那个水平！

当然，当下让我们感到更恐怖的，是 ChatGPT。输入个主题，连文章都能帮你写……未来，机器会大量取代人工，因

第一课 你的思维，决定你的人生

此，越来越多的人会失业。同时，网络购物越来越盛行，线下的生意越来越不好做。看看各大商场的商铺就知道了，除了餐厅，或者体验式的娱乐场所，其余都是门可罗雀，惨淡经营。

这都是趋势。机器会取代人工，网络将冲击线下。如果不去拥抱这些变化，必然会被变化抛弃。

每个行业，都有生命周期，都有产生、发展、成熟、衰落的过程。美国《财富》杂志的一组数据显示：美国世界五百强企业的平均寿命为40年，中小企业寿命不足7年。

这给我们的启示是：看准趋势，离开那些处于夕阳的企业和行业。大势不好，你再有能力，也是枉然。

这个社会只有三类人，第一是创造变化的，第二是适应变化的，第三是死于变化的。达尔文说过，世界上能够生存下来的物种，不是那些最强壮的，也不是那些最聪明的，而是那些应变迅速的。所以我们要适应社会大势。

最后，也是非常重要的一点，思维模式要符合你自己期望的结果，也就是目标。

如果你的思维模式和行为，无助于你实现目标，那么你的思维模式就是错的。

前几年有一个新闻，一位女士在吃火锅时，因为加水问题和服务员发生了争吵。服务员一生气，到厨房端了一盆开水，直接浇在了这位女士的头上，造成她身体大面积烫伤！回放下事件，这个受害的女士，也负有责任。

当时她吃火锅，看锅里的水少了，就叫服务员加水。那个

职场幸福课：把工作折腾成自己想要的样子

火锅店生意很好，服务员很忙，答应她之后很长时间都没来加水。这个客人怒了，发了条微博，说这家店服务不好，并且艾特了这家火锅店总部的微博。

火锅店负责公关的人员看到后，立刻联系那家火锅店的老板。老板赶紧把服务员找来批评了一顿，说你给人家道歉，然后让客人把微博删掉。

小伙立马去和客人道歉，说您把微博删掉吧，我立刻给您加水。而这个女顾客得理不饶人，说："我就不删，你们这样的服务，我就得给你曝光！"

刚刚被老板批了一顿的小伙，怒从心头起，恶向胆边生，到后面端了盆开水，毫不留情地泼了过去，酿成一场令人唏嘘不已的惨剧。

受伤的女顾客真的负有责任啊。我们出去吃饭，目的是什么呢？期望的结果是什么呢？是吃好，心情好，对吧？绝对不是和人争吵和计较。所以，如果你的思维模式，不能趋向你的目标，甚至背道而驰，那么你的思维模式就是错误的。

公序良俗，关乎世界法则；社会大势，关乎周围环境；而期望的结果，关乎你的目标。三者相辅相成，不可或缺。违背任何一个，都将出现你不愿意看到的局面。

四、我不懂你，但我尊重你

我手写我心，正如之前我们探讨的，人的行为，完全源于

第一课　你的思维，决定你的人生

我们的思维模式。思维模式是对世界的诠释、理解和看法。我们都有自己独特的思维，它就像一副眼镜，我们透过它看世界。你怎么看这个世界，就会引发相应的行为，进而会产生相应的结果。

比如有一次，我在朋友圈转发了关于讨论某作者的文章，同时评论说："虽然一向不太喜欢这个人的文字，可这个采访还是值得一看的。"

结果好几位朋友评论说："你为什么不喜欢她？"

有个女孩儿，不光在下面评论，还专门发信息跟我说："你为什么不喜欢她？是因为同行相轻吗？一看你微信头像就觉得你不怎么样，一副喜欢给别人指点迷津的样子。"

我试图辩解："我有不喜欢一个人的权利啊，就像你有不喜欢我的权利一样。"

她说："我没有喜不喜欢你的权利，是你根本不值得喜欢。"

我试图垂死挣扎，她迅速拉黑了我。

这就是思维模式。

我们俩，因为对这个作者的文字有不同的看法，导致一拍两散，分道扬镳。我们可以有不同的想法，但需要相互尊重和包容。尊重意味着，在不违背公序良俗的情况下，我允许你有自己的想法，认可你作为独立个体的权利和自由。我可以不懂你，但我尊重你。包容意味着，摒弃"不是这个，就是那个"的二元对立思维，开放地接纳新的思维和想法。

职场幸福课：把工作折腾成自己想要的样子

在大学演讲时，总有同学问："老师，你说现在的社会，是能力更重要，还是关系更重要？"

能力很重要，人际关系也很重要，这两个因素，对人的发展都至关重要，没有办法分出轻重。世界不是非此即彼，没有孰轻孰重。两个人观点不同，你怎么就那么正确呢？人家怎么就那么错误呢？

这个世界，不该是一瓶果酱——各种水果，被捣碎拌匀，搅和在一起，黏黏糊糊，失去各自原来的味道。这个世界，更应该是一碗水果沙拉——各种水果，被沙拉酱包容并链接在一起，创造出更缤纷的色彩，但同时，又保留着各自的独特味道。

我不懂你，但我尊重你。

五、怎样才能活得更好

2016 年，我离开外企自己创业，成立了鹏程管理学院。同年 6 月 2 号，鹏程管理学院盛大开课，第一期的主题是"拥抱变化，化茧成蝶"。课上很多同学对"三类人"的概念很感兴趣，见表 1-1。

读到这本书的大部分读者，一般来说属于第一类人：资源者。资源者直接拥有生产资源，通过出售时间、体力或智力，来获取收益。辛苦的农民、上班族、教师和医生，像我一样的培训师，都属于此类。自由职业者也可以归为此类。

第一课 你的思维，决定你的人生

表 1-1

	资源者	配置者	投资人
特点	直接拥有资源	配置资源	资本掌控者
生存方式	出售	分配	投资
职业	农民、工人、培训师、医生、职业经理人	企业家、创业者	投资人、理财者

第二类人，是配置者，通过雇佣第一类人，来分配资源，赚取利润。比如，企业家、创业者。我在创业，成立了鹏程管理学院，作为一家培训与咨询公司的老板，正企图从资源者过渡为配置者。

第三类人，是最厉害的。他们一般不参与公司的管理，而是选择项目，投入资本，深居幕后，待项目长大，坐等收益。你或许会说，成为投资人，需要钱啊，我哪来的钱？的确，成为投资人，第一需要钱，而第二，我认为更重要的是头脑和意识，也就是有这个思维模式。

前段时间我认识的一个人力资源专家，在给一家初创公司做咨询时，以智力投资，换取了一些股份。她跟我说，待这个公司上市，就会有丰厚的回报。她俨然已经成为投资人。人和人的差距，贫与富，成功与失败，很大程度上，取决于思维模式。不是能不能够，而是想不想得到。

如果你暂时还没能力，或者没机会成为配置者和投资人，只能做资源者，不上班就没收入，那怎样才能过得更好呢？

第一，离开衰落的行业或企业。

如果你身处衰落的行业，或者行业景气但你们公司却在苦苦挣扎，而你还算有些能力，并且你的能力可以迁移到其他行业或公司，我建议，你赶紧离开。企业有的是，而你的人生太宝贵，没必要在没希望的地方干耗。

行业的差距相当之大。商业的本质，是增长。没有增长，就没有福利，就没有机会，就没有空间。行业大势不好，个人基本无法扭转。你的时间，会被浪费；你的青春，会变荒芜；你的梦想，会被磨灭。所以，离开衰落的行业或企业，有多快走多快。

第二，不断进化，提高时间含金量。

我认识一个针对一线生产管理知识授课的培训师。她最初是生产线上的操作工，慢慢做上工长，又成为生产经理助理，后来又成为兼职内部培训师。经过不断学习，她辞职成了专业讲师，主攻一线生产管理方面的课程。如今的课酬已经不菲！这就是进化。

同样是资源者，靠出售时间和体力吃饭，但单位时间的含金量，相去甚远。每个职业都有薪酬增长曲线，技术类的工种，曲线会逐步上扬。而非技术类的，起点和终点，几乎是平的。同样是付出时间，资源者要不断进化，向单位时间含金量更高，即更有价值的职业转化。

第三，理财和投资。

意识决定你的生活，学会理财很重要。如果想理财，不妨

第一课 你的思维，决定你的人生

参考 4321 法则，也就是把全部收入的 40%，用于投资项目；30% 用于生活消费支出；20% 用于储蓄，以备不时之需；10% 用于购买保险。是的，最后要强调的是，身为资源者，一定要购买保险。

资源者最大的问题，就是不工作就没收入，生老病死，天灾人祸，对他们而言或许是毁灭性的打击，而且可能给家人带来拖累。所以，保险，至少可以有效地规避一部分风险，减少突发事故的伤害程度。

不管你现在是资源者、配置者，还是投资者，我都希望你能过上自己所期望的生活。人生最大的成功，就是可以按照自己的意愿过一生。

六、不忘初心，方得始终

前段时间有个朋友联系我，让我给一家证券公司讲《演讲技巧》课。

我立刻回复："没问题啊，这是咱强项啊。"

朋友说："太好了！您有之前讲课或演讲的视频吗？我发给客户看看。"

我立即把我之前的一段演讲视频转给了他。每每有客户寻找讲师，我都会把这段视频传过去。每次都能打动对方，屡试不爽。

万万没想到啊，这个朋友之后发来微信说："王老师，这

职场幸福课：把工作折腾成自己想要的样子

次恐怕没机会合作了。客户看了视频，说您讲课有口音，东北味儿太重。"

看到这条消息，我内心是崩溃的，简直无言以对！你们在找"演讲技巧"的老师，又不是找播音课程的讲师，口音应该不是障碍啊。而我，又没法儿辩解。我自以为，我的演讲显示出了一定的水平。从这个角度说，我是对的。而客户也没有错，他们有自己的考量标准。正所谓，公说公有理，婆说婆有理。

无独有偶。一次给某个客户讲课，我也放了这段视频，因为我觉得视频的内容，可以很好地诠释刚刚在课上讲授的概念。之前给其他客户讲课时，学员很喜欢这段视频。课程结束后，我收到主办方的反馈："王老师，建议您以后上课别再放那段视频了。我们有学员反馈说，老师上课放了二十几分钟演讲视频，这是偷懒，还有人说这是显摆。"收到这个反馈，我的内心是崩溃的。

相信你也一定遇到过这种情况。你自以为某件事情是对的，对己对人都有益处。然而，收到的反馈，却出乎意料，令你无所适从。你身先士卒，别人会说你出风头；你韬光养晦，别人会说你不勇敢；你不偏不倚，别人会说你没立场。真是汝之蜜糖，彼之砒霜啊。

收到负面反馈后，我纠结了好几天。正所谓开卷有益，我在通读了稻盛和夫的《活法》后，找到了答案。

稻盛和夫被称为"经营之圣"，他创办了日本京都陶瓷株

第一课 你的思维，决定你的人生

式会社和第二电电株式会社（仅次于日本NTT的第二大通信公司），这两家企业都曾经进入过世界五百强。2010年他出任日本航空株式会社会长，仅仅一年就让破产的日航大幅度扭亏为盈。

20世纪80年代中期，日本国营企业NTT垄断着国内通信领域，为了引进市场竞争，降低比国外高得离谱的通讯费用，日本政府决定允许新企业进入通信领域。

然而，要和领域巨头NTT一决胜负，风险太大，没有一家企业敢于挺身而出，而稻盛和夫决定试一试。但他没有立刻报名，而是一遍一遍地自问："在我的参与动机里有没有夹杂私心。"他一直自问自答："你参与通信事业，真的是为了国民的利益吗？没有夹杂为公司、为个人的私心吗？是不是想出风头、要引人注目呢？你的动机真的纯粹吗？没有一丝杂念吗？"稻盛和夫扪心自问是不是"动机至善，私心了无"，借以审视自己动机的真假善恶。

经过整整半年，在终于确信自己心中没有一丝一毫杂念后，他才着手创立第二电电株式会社，并最终把它打造成可以和NTT分庭抗礼的通信公司。

稻盛和夫的做法：回归初心，拷问动机。值得我们借鉴。我们或许到不了稻盛和夫的境界，没法儿"动机至善，私心了无"，但做一件事情之前，或者听到不同声音时，至少可以想一想："我做这件事情的动机是什么？对别人会有益吗？还是只为彰显自我？"如果发心是善的，是为帮助和影响他人，那

职场幸福课：把工作折腾成自己想要的样子

放手去做，即使有些私心，也并不为过。

父子俩进城赶集。天气很热，父亲骑驴，儿子牵着驴走。

一位过路人看见这爷俩儿，便说："这个当父亲的真狠心，自己骑驴子，却让儿子在地上走。"父亲一听这话，赶紧从驴背上下来，让儿子骑驴，他牵着驴走。

没走多远，一位过路人又说："这个当儿子的真不孝顺，老爹年纪大了，不让老爹骑驴，自己却优哉地骑着驴，让老爹跟着小跑。"儿子一听此言，心中惭愧，连忙让父亲上驴，父子二人共同骑驴往前走。

走了不远，一个老太婆见了父子俩共骑一头驴，便说："这爷俩的心真够狠的，那么一头瘦驴，怎么能禁得住两个人的重量呢？可怜的驴呀！"父子二人一听也是，又双双下得驴背来，谁也不骑了，干脆走路，驴子也乐得轻松。

走了没几步，又碰到一个老头，指着他们爷俩儿说："这爷俩都够蠢的，放着驴子不骑，却愿意走路。"父子二人一听此言，呆在路上，他们已经不知应该怎样对待自己和驴了。

人言可畏。

照顾濒死病人的澳大利亚护士布朗尼·韦尔，写过一本书叫《人临终前的五大遗憾》。她访谈了很多即将离世的人，他们排在第一的遗憾就是："我这辈子没过自己想要的生活，而只是活在别人的期望里。"所以，听到不同声音时，请扪心自问，如果初心是善的，那就咬定青山不放松，任尔东南西北风。但行好事，莫问前程。不忘初心，方得始终。

第一课 你的思维,决定你的人生

七、他没那么完美,也没那么幸福

朋友圈里经常转发一篇某个名人的文章,叫"无用,方得从容"。里面充斥着这样的文字:"我这个人不沾烟、酒、牌,不喜欢应酬,从不光顾酒吧、歌舞厅之类的娱乐场所,很少参加饭局,即使参加,一般不超过半小时。工作之外,剩下的便只是读书、练字、弹琴、下棋,为女儿做衣服,为妻子裁皮包了。"

我始终怀疑这不是出自他本人的手笔,而是某个记者或者写手,根据采访或者道听途说后编撰的文字。因为正常来说,一个人不会在自己写的文章中,如此地自我标榜。这个世界上,也很难有文中描写的那样完美的人。

我们经常通过别人的外在来判断他们的内在,并自以为看到了全部。而阳光之下,或多或少,人们都在表演;阴影之中,不为人所见的,才是真实。每逢长假,朋友圈里必会晒出行照片,晒欢乐,晒甜蜜,晒幸福。

但请谨记:他们并没有像晒的那样幸福!

今年暑假,一个朋友全家去巴厘岛旅行。她在朋友圈晒出各种美图:她的自拍,她的女儿,她的老公,她们一家三口,以及美食和美景。她的脸上,洋溢着温暖的笑。我估计她的朋友们会觉得她好幸福啊!但谁能猜得到,就在出行前不久,她还找过我咨询。她说结婚十几年以来,老公一直对她语言暴

职场幸福课：把工作折腾成自己想要的样子

力。不论她做什么，招来的都是不满，每天从老公那儿听到的都是各种侮辱，她压抑得近乎崩溃。她的痛苦，不为人知。

而在流行的沟通模式中，人们往往被鼓励展现生活的积极面，宁愿，或者屈从于压力，在社交媒体上发布好消息、幸福的照片和耀眼的人生里程碑。虽然多数人意识到了自己的这个倾向，但低估了他人表现积极面儿的程度。

所以你在浏览朋友发布的信息时，会琢磨为啥自己的生活一团糟，困难又令人失望，而他们的生活为啥那么美好那么幸福。人们通常会低估别人的苦难，高估别人的幸福。

这个错误认知导致更大的孤独感和生活的低满意度。研究表明，花时间浏览社交媒体，包括微博和微信，会提高孤独感，降低自我满意度。

在《以正念应对焦虑》一书中，心理学家苏珊·奥斯陆和丽萨贝斯·茹默尔描述了这个基本发现：我们经常通过别人的外在，来判断他们的内在。但往往惊讶地发现，某个乐观的同事有自杀想法，一个体面的邻居有酗酒问题，或者街角那对幸福的夫妻有家庭暴力。当你和人们一起坐电梯，或者在商场排队愉快交流时，他们表面看上去平静、可控，但他们的内心不一定和外在的表现一致。

事实是，谁的生活都不易，每个人都有头疼之处。外表光鲜靓丽的姑娘，或许正受脚气的困扰；英俊潇洒的小伙儿，也许正被胃病折磨。

天津科技馆有一组光影作品，我特别喜欢。在光的照射下,观众在前面看到的是温馨美好的场景。而这只是一堆破铜烂铁摆出来的造型投射出的影子。阳光之下,或多或少,人们都在表演,往往美好而幸福;阴影之中,不为人所见的,才是真实,往往丑陋而不堪。

所以,再看到朋友圈的图片,不必太羡慕,他们也许没有晒的那样幸福。你尝各种大餐,我吃酱油炒饭;你行天高路远,我窝方寸之间;你晒大幸福,我享小确幸。谁也不比谁强多少,冷暖自知。

八、幸福,源于和自我比较

我做过几次"职场幸福课"线上训练营。在某次训练营中,面对群里的 200 名学员,我讲得很兴奋也很愉快。结束后,学员在群里热烈讨论。有的说"老师你讲的思维模式概念最棒,令我茅塞顿开";有的说"老师你提到的幸福思维很管用,拿来就能用";还有的说"影响圈、关注圈最容易理解,什么能掌控,什么无能为力,一目了然"。

正飘飘然间,我注意到在群里一片喜乐祥和气氛中,有不和谐声音出现。

一个学员说:"老师,你讲幸福,我就想问,我每个月赚 5000 元,要拿出 3000 元还房贷,我怎么能幸福?"

另一个学员说:"老师,我毕业多年,勤勤恳恳,努力上进,而公司有个主管不思进取混日子,可人家是主管,我比不

职场幸福课：把工作折腾成自己想要的样子

上人家。后来我离职了，公司也倒闭了，那个主管下了岗。可他父母多年前花 100 万给他买了个房，现在涨到好几百万了，我现在的生活，还是比不上人家。老师，我怎么能幸福？"

这两个学员提出的两个问题，看似风马牛不相及，实际都涉及一个关键词：比较。

幸福，源于比较。幸福，源于和自己比较。

在我的"职场幸福课"里，讲到一个概念，即幸福思维模式，如图 1-3 所示。

幸福思维:主导你的故事

事件 ▶ 故事 ▶ 情绪 ▶ 行动

幸福思维模式
图 1-3

幸福，很大程度上，不是取决于发生在你身上的事，而是取决于你怎么讲故事，即如何诠释、理解和看待发生的这些事件。

比如说，生活在单亲家庭的孩子，有可能受到童年原生家庭的影响，长大后在情感方面不是很健康，例如不相信异性，不知如何交往，等。但我也遇到过生活在单亲家庭的孩子，成年后很乐观，结婚后对孩子很好，不希望孩子再承受自己小时候的苦难，而且还参加公益活动，帮助单亲家庭的孩子健康成长。

发生的事件是相同的，后来不同的心理及行动差异，都来源于对父母离异这件事的不同看法。

第一位学员，每月赚5000元，竟然已经买了房子，有房贷可还，这是多么幸福的事情啊！与"啃老族"，或者租房的人相比，已经不可同日而语了！

大学毕业之后，我和女友租住在天津老城区的一幢老居民楼，公共厨房，老鼠乱窜，没有暖气。冬天，寒风呼啸。我们用透明胶把呼呼钻风的窗缝贴上，除了必要的活动，晚上八点就上床睡觉。后来买了房子，尽管一个月挣1400元，还要还800元房贷，但是很开心。过去一直在租房，现在终于成了房子的主人。和过去相比，生活有了质的飞跃。那时，日子很简朴，生活很拮据，但一直有希望，特别有奔头儿，感觉很快乐，心里很幸福。我们有奋斗的快乐，有努力打拼，然后享受胜利果实的成就感。我们的生活，是自己创造的。

幸福，源于和自己相比。日子一天比一天，更美好；生命一天比一天，更丰盛。幸福，就是让生活一步一步变成自己所期望的样子。

幸福，毁于和他人比较。

问出第二个问题的同学，显然，他的幸福，是建立于和别人的比较之上。据说，人的痛苦，只有10%来自生活的不幸，另外的90%都来自和他人比较。虽然，偶尔和不如你的人比较一下，会心下宽慰，感恩生活。但如果习惯性关注比我们过得更好的，这就完了，人比人气死人。

职场幸福课：把工作折腾成自己想要的样子

幸福，毁于和他人比较。因为，他人的生活，是我们无法掌控的。在《高效能人士的七个习惯》一书里，提到了影响圈和关注圈的概念。影响圈，是你能掌控和施加影响的事情，比如今天穿什么衣服、是否努力工作等。关注圈，是你关注但无法施加影响的事情，比如老板的事情、国家之间的冲突等。

投诸时间、精力、视角在影响圈，你就幸福，因为这些事，你能掌控。而太过在意关注圈里的事情，你就会沮丧、郁闷、愤愤不平。

哈佛大学的积极心理学翘楚泰勒·沙哈尔曾经说过，幸福的秘密就在于：现实、现实、现实。幸福就是面对现实，接受现实，然后，积极地去改变和创造现实。

幸福的关键词是：比较。

幸福，源于和自己比较。这个世界上，99.99%的事情，都是我们无法掌控的。唯一有主动权的，就是自己的成长。今天的我，要比昨天的我，更进步，更成熟；明天的我，要比今天的我，更精彩，更丰盛。

幸福，毁于和他人比较。把自己的幸福，建立在和他人的比较上，无异于交出幸福的主动权。王小波说，人的一切痛苦，本质上都是对自己无能的愤怒。当你把大部分精力都放在了自己无能为力的事情上时，剩下的，就只能是愤怒了。

引用我很喜欢的一段话作为结尾："与他人相比，虽然是所有人的第一反应，但那是一种永无宁日、绝无胜算的自我折磨。如果你有能力，记得要和自己比，让自己过得好一些。"

九、把生活折腾成自己想要的样子

有次我以嘉宾的身份,在中央人民广播电台"都市之声"栏目做节目。和主持人聊得兴致盎然时,有一位妈妈留言提问:"您是职业导师,我想咨询一个问题。我儿子刚刚毕业,有幸考上了公务员,可他偏偏想进企业,我该怎么说服他?"

我回复说:"您知道我是职业导师,这是故意出题考我。我不会给您如何说服他的建议,但是有两个反馈,供您参考。"

"首先,您可以和儿子一起分析一下,做公务员和进企业,分别能实现什么,给他带来什么。决定职业选择的,是价值观。看看做公务员和进企业,哪个更能实现您儿子追求的价值。其次,分析之后,让儿子做决定。无论他选什么,都无条件地支持他,而且,带着爱。"

是的,无论孩子最后选什么,家长都该无条件地支持,而且,带着爱。

愚公移山的故事,妇孺皆知。这段寓言很好,说明只要有毅力,移山填海都不是问题。问题是,从职业生涯角度讲,我们考虑过愚公子孙的感受吗?他们生下来就得遵从老祖宗的遗命,世世代代去挖山。如果正巧,他们也喜欢挖山,心甘情愿完成祖上未竟事业还好。倘若他们喜欢你耕田来我织布,你挑水来我浇园的生活,那非得追随祖上,一锹一镐去挖山,这是

职场幸福课：把工作折腾成自己想要的样子

不是很不幸？

况且，由于价值追求的差异、时代视野的局限，以及人生体验的不可替代性，所以父母的建议，仅能做参考。

1. 父母和 90 后的职场新人，价值追求差异巨大

如今的 90 后职场人，他们的父母大都是六七十年代生人。那个时代的人，工作上最为看重的价值是安全、稳定、保障。妈妈主张孩子去考公或者进入其他稳定的行业，就是其职业价值观的体现。而恰恰是这群 60 和 70 年代初的人，一部分人赶上了时代的红利，加上自身的勤奋，成了中等收入群体。他们的子女有相对殷实的家境，安全啊，稳定啊，再也不是他们的追求。

说说我的银行客户经理的事儿。这小伙子在银行工作两年多，白天上班，晚上去自己的公司，和几个人合伙做在线产品。而脑子里正在酝酿一个项目，琢磨着要找风投，并表示一定能说服风投给自己投资。

正如马斯洛需求层次所描述的，逐级而上，由安全需求，到社交与爱的需求，再到自我实现。大部分 90 后的孩子，经由父母满足了安全、社交与爱的需求后，直奔成功、自我实现而去。90 后追求的是成功、自我实现和自由。60 后的职业价值观，以及 70 后的经验，和 90 后的想法都相去甚远。90 后的孩子，不需考虑温饱，开始追求梦想。

2. 父母的视野，严重受时代局限

我走的桥，比你走的路都多；我吃的盐，比你吃的饭都多。每当和子女意见产生分歧，父母都会这般苦口婆心。这明显是旧时代的表达方式。父母确实无数次走过村口的小桥，可飞机和时速达300公里的高铁，早已带孩子走遍天下；父母只吃过碘盐，而孩子已尝遍四方美食。过去的经验，未必全都适用于现在。

科技改变世界、影响职场。随着电商的崛起，实体店铺、商场，正在萎靡；在车间流水线、银行柜台、超市收银台等工作岗位上，机器人将取代人工。

叔本华说："每个人都把自己眼界的极限，当作世界的极限。"庄子说："井蛙不可以语于海，夏虫不可以语于冰"。科技发展一日千里，日新月异，父母的视野，怎么能看到这些变化？

3. 父母不能替代孩子的人生体验

每次儿子因为疯跑而摔倒，看着他磕得冒血的腿，他妈妈都心疼地一边安慰一边埋怨："哎呀，你下次能不能小心点儿啊！"我也心疼儿子，但通常会和老婆说："他摔了，你安慰他就好。'下次小心点儿'这种话，其实没必要说的。孩子喜欢玩，玩就可能摔倒。他不会因为你说过要小心，就减少摔倒的次数。没事儿，摔着摔着，就不摔了；摔着摔着，就成长了。"

人生选择也是一样。父母不能一直陪着孩子，应该尽早放手，让孩子来做决定。否则，未来面临重大抉择时，他会无从下手。

职场幸福课：把工作折腾成自己想要的样子

即使失败，也是人生体验，父母不能剥夺孩子失败的权利。如果什么都安排好，孩子的成长路径一眼就望到头，没有美丽的意外，没有新奇的冒险，没有跌宕的起伏，结局都已注定，那活着还有什么意义。

年轻时不必追求最好的选择，因为也没有所谓的最好选择。爱做什么工作，就去努力；喜欢谁，就去追求；想过什么日子，就去尝试。只有失败过，哭过，痛过，三十岁以后，方能从容选择适合的生活。

面临人生抉择时，如果和父母意见一致，那最好不过。如果有分歧，别听他们的话，坚持走自己的路，你绝不是为他们而活。他们给了你生命，但早晚，你要飞出巢穴，脱离庇佑，开创自己的人生。委婉而坚定地说："谢谢，这很好。而我，有自己想过的生活。"

十、行为影响思维

有这样一个故事广为流传，在《甲午风云》里饰演李鸿章的王秋颖患肝癌病危，在剧中扮演邓世昌的李默然获知后立即赶赴医院。医生不准其进病房，双方争执中，忽听病房里王秋颖喝问道："是谁在二堂外喧哗？"李一把推开众人闯进，趋步上前，单腿打千道："回大人，是标下邓世昌，拜见中堂大人！"弥留之际的王秋颖紧紧攥住李默然的手，泪流不止，俄顷，溘然长逝。

第一课　你的思维，决定你的人生

一段关于友情的故事，两位演员真是入戏太深。是的，心理学研究已经证明，行为会影响态度。入戏太深，演员的态度，甚至思维模式都会受到角色影响，以至所思所想，所作所为，都和角色一致了，分不清戏里戏外。

而通常在我们的理解里，态度是主导的，决定行为。戴维·迈尔斯在《社会心理学》给态度下定义说：态度可以界定为个体对事情的反应方式，这种积极或消极的反应，通常体现在个体的信念、感觉或者行为倾向中。比如，某个人认为另一个人很讨厌（态度），那么，他可能会不喜欢这个人，并且因而做出敌视的行为。

那反过来，行为也会影响态度。这就如同角色扮演一样，那些处于特定社会位置的人被期望表现出某种行为，起初他们可能觉得很虚假，但很快就会适应。

斯坦福大学心理系教授菲利普·津巴多做过一个著名的斯坦福监狱实验。津巴多用抛硬币的方式，指派一些学生做狱卒，给他们分发了制服、警棍、哨子；而其他学生则扮作犯人，他们穿着囚服，并被关进单人牢房。

在经过一天愉快的角色扮演之后，狱卒和犯人，都进入了情境。狱卒开始贬损犯人，并且一些人开始制造残酷的侮辱性规则。犯人崩溃、造反或者变得冷漠。

津巴多在报告中说：人们越来越分不清现实和幻觉、扮演的角色和自己的身份，这个创造出来的监狱正在同化我们，使我们成为它的傀儡。随后津巴多发现事态越来越不可控，不得

职场幸福课：把工作折腾成自己想要的样子

不在第六天放弃了这个本来计划为期两周的实验。现实中的美国士兵侮辱伊拉克战俘事件，也是体现了行为对态度的影响，当进入某种角色的时候，整个人格都改变了。

而道德的行为，特别是主动选择而非被迫做出时，会影响道德思维和态度。

研究者假扮成安全驾驶的志愿者，请求加利福尼亚人在院子里安置巨大的、印刷比较粗糙的"安全驾驶"标志，结果只有17%的人答应了。然后研究者请求其他人先帮一个小忙：在窗口安置一个3英寸的"做一个安全驾驶者"的标志。几乎所有人都欣然答应了。两周后，76%的人同意在他们的院子竖立大而丑陋的宣传标志。

前面那个帮小忙的行为，影响了思维和态度，让人们觉得自己是个有社会责任感的人。

那为什么行为会影响态度呢？戴维·迈尔斯认为主要原因有三个：

第一，自我展示——印象管理。

没有人愿意让自己看起来自相矛盾，为避免这一点，我们表现出与自己行为一致的态度。心理学家通过实验发现，直接让居民给癌症群体捐款，在多伦多郊区仅有46%的住户乐意。而如果前一天让他们戴着一个翻领别针宣传这项活动（他们是自愿的），那愿意捐款的数量是前者的两倍。当人们承诺公众行为，并且认为这些行为是自觉做出的时候，他们会更加坚信自己的所作所为（态度）。

第一课 你的思维，决定你的人生

正如亚里士多德所言："我们由于行使正义而变得正义，由于练习自我控制而变得自我控制，由于行为勇敢而变得勇敢。"

第二，自我辩解——认知不协调。

我们的态度改变是因为我们想要保持认知间的一致性，尤其是在我们的行为理由不足时，我们会感到不舒服（不协调），因此就会调整自己的态度从而相信自己的所作所为。

一个人长期被告知应该遵循健康的饮食习惯，比如多吃蔬菜、水果，少吃油腻食物和高糖食品。他也深知这样做对身体健康有益。然而，在实际生活中，他发现自己难以抗拒那些不健康食品的诱惑，经常吃一些垃圾食品。

这种情况下，他的认知与行为之间就产生了不协调。他一方面知道健康饮食的重要性，另一方面却无法控制自己的饮食选择。为了缓解这种认知不协调带来的不适，他可能会开始自我辩解。他可能会告诉自己"只是偶尔吃一次，不会对身体造成太大影响""这些食品其实也有营养，不是完全不好"。

随着时间的推移，这种自我辩解可能会逐渐演化为一种习惯，导致他更加容易为自己的不健康饮食行为找到借口。虽然他的认知仍然停留在健康饮食的重要性上，但他的行为却与之背道而驰。这种认知与行为之间的不协调，以及随后的自我辩解，都是认知不协调导致态度和行为改变的一个实例。

第三，自我认知和暗示。

我们判断别人态度如何，往往是观察人们在特殊情境下

职场幸福课：把工作折腾成自己想要的样子

的行为，然后将其行为归因于其态度。类似的，我们可以像旁观者一样观察自己的行为。当我们的态度摇摆不定或模糊不清时，我们倾听自己的语言，则可以了解自己的态度；观察自己的行为，则可以提示自我信念有多么坚定。所以，如果人们发现自己答应了别人的一个小请求，他们可能认为自己热心助人，这个自我认知会导致后来答应别人更大的请求。

行为可以修正自我概念，即使是面部表情的变化，也可以影响态度和情绪。德国心理学家弗里茨·斯特拉克和同事在1988年研究发现，当人们用牙咬住一支钢笔时（会牵动笑肌）比仅仅用嘴唇（不会牵动笑肌）含住时，人们会感觉看卡通片更加有趣，那些被诱发出微笑表情的人能体验到更多的快乐。

这也是为什么，积极的自我宣言和心理暗示会强化自信和推动行动的原因。我们在倾听自己的语言，从而了解自己的态度。

那么怎样才能把"行为会影响态度"这个理论应用到实际中呢？

第一，要想养成某种习惯，那就付诸行动。

如果我们想在某个重要的方面改变自己，最好不要等待顿悟或灵感，要做的就是开始行动——开始去写那篇论文，去打那个电话，去见那个人——尽管我们非常不情愿那么做。所以有人建议那些具有雄心壮志的作家，即使自己无法厘清头绪，那也还是要拿起笔来进行写作。写着写着，你就会发现自己的借口消失了，你会继续做下去，就像所有惯于写作的人那样。

第二，用积极的行为创造积极的心态。

皱眉会郁闷，微笑会快乐。以颓废的姿态坐一整天，唉声叹气，并对所有事情都以一种阴沉的声音回应，你的忧郁会一直持续。而大步流星走上一会儿，酣畅淋漓的运动一场，会让人斗志昂扬激情四射。我不是因为高兴而歌唱，是因为歌唱而高兴。

第三，让别人喜欢你很简单，只要找他帮忙。

对他人的积极行为会增强对那个人的好感，列夫·托尔斯泰写过，在很大程度上我们并不是因为别人对我们好，而是因为我们对他们好，而喜欢他们。

本杰明·富兰克林的经历证实了给他人提供帮助会加强对其好感的观点。早年他有个反对者，富兰克林听说对方图书馆里有一本非常珍贵的书，就写信恳求借阅，对方立即就寄给了他。一周之后富兰克林归还并深深表达了谢意，等他们再次在议会厅碰面，对方彬彬有礼地主动打招呼，随后他甚至说在任何情况下都随时准备帮助富兰克林，就这样他们成了终生的朋友。

所以，要让谁喜欢你，就大胆去麻烦他。

第四，爱是一个动词，如果你想更爱他人，你就要表现出你真的爱她。

爱的行为，会增强自我认知和暗示，强化爱的感觉和浓度。开始，情侣因为在一起吃饭、看电影、亲昵，最后真的爱了。相伴多年的夫妻，因为相互关怀照顾，彼此的爱日渐浓郁。所以建议那些单身男女,不要等待那个完美的人出现才去爱,要去尝试,给对方和自己一些机会,爱是动词,爱的行为或许会带来爱的感觉。

心理学研究表明,见面频率高,会增强感情。一见钟情,大多只发生在电影里。生活中,更多的是日久生情。态度会影响行为,行为也会影响态度。

所以,无论追求一个人,还是追逐梦想,行动或者说做,非常重要。

第二课
向前一步,直面未来的自己

一、如何管理个人战略

职场幸福四要素图的右边,是"自我发展"这个系统,这是我们和未来的关系。如果不能在职场获得自己想要的发展,达成想要的目标,我们就不可能太幸福。那么在本书第二部分,我会和大家一起探讨怎么设定,以及如何达成目标,让自己主宰未来。

第一,我们来总结一下过去一年的收获。

给各位推荐一个工具:本年度个人十大成就事件,如图2-1所示。

每年年底,我都会用这个工具来梳理和总结。成就事件可以从工作、学习、人际关系、爱好等方面提炼。比如2022年,我做了视频号直播,卖课赚了些钱;录制了两套线上视频课,总体年收入达到了某个数字;自己带儿子去上海游玩了一周;在三个人参加的台球年度比赛中,拿了冠军等。你也可以在每一年结束的时候,用这个工具,做一个年度盘点。

本年度
个人十大成就事件
1. ......
2. ......
3. ......
4. ......
5. ......
6. ......
7. ......
8. ......
9. ......
10. ......

个人十大成就事件

图 2-1

第二，绘制下一年度圆方规划图。

圆方规划图源于平衡轮，如图2-2所示，它涵盖了我们职场人士生命中最重要的八个领域：

健康：比如运动、饮食、睡眠，等等。

娱乐休闲：就是业余爱好，吃喝玩乐。

家庭：对亲人的陪伴，家庭下一年度的大事，等等。如果你已经结婚，这个家庭就是指你的小家。

圆方规划图

图 2-2

朋友及他人：包括父母在内家庭以外的人。为什么把父母放在这里，而不是家庭那项呢？主要是因为，很多人的不幸福都源于与上一代割裂得不够清楚。比如上一代往往把自己幸福寄托在下一代身上，这给下一代造成了特别大的压力。

财务：这一年要赚多少钱，存多少钱，如何理财、投资等。

职业发展：在目前的职位上，如何精进和成长。如果不喜欢现在的工作，下一步职业转换计划是什么，等等。

个人成长：它比职业发展的范围更广，职业发展更多聚焦

职场幸福课:把工作折腾成自己想要的样子

在现有和未来职业角度,而个人成长指的是通用能力和综合素质的提升,比如读书、写作、学英语、学做PPT,等等。

自我实现:自我实现是关于梦想的。人总要死去,终点一致,那怎么活过这一生,就至关重要了。

我总是鼓励年轻人,要去追求梦想,不断挑战和突破,做一些引以为傲的事情。有一天你的孙子孙女绕膝,你向他们炫耀什么呢?你总不能说,我当年看了1000多集韩剧,打了多少多少关游戏吧?所以,每年都制订一些计划,去实现你内心最强烈的渴望吧。

当然,圆方规划图上的这八个方面,是我们的观点,你可以根据自己的状况,随意修改这八个项目,改成你最在乎的内容。你甚至不用分成八项,六项或四项,也完全可以,那是你的人生,你说了算。

绘制圆方规划图的三个步骤:

1. 评估上一年度满意度

用黑色的笔,画出每个项目你的满意度。图里面直线上是有刻度的,圆心是零分,每个刻度是1分,越往外越高,满分10分,挨项打分。比如2018年,我财务方面满意度是10分;职业发展、朋友及他人方面是8分;娱乐休闲和健康方面较低,仅仅得了3分;最低的是个人成长和自我实现,没有在学习提高方面和自我突破领域,做精进和提升。

注意,这个是对满意度的评价,和你的期望有关系。也就是说,某个方面今年你可能收获不多,但你本身期望较低,那

第二课 向前一步，直面未来的自己

也可能得到比较高的分数。

大家打分后涂满颜色，这些颜色会形成一个图形，这个图形是什么样子比较理想呢？是的，圆形比较理想，表示你的生命比较平衡。你可能上过很多人讲的幸福课，理念各不相同，工具千差万别，但一定都强调平衡。如果你的生命有比较大的缺憾，你绝对不会太幸福。

2. 设定明年的期望

接下来，就是用彩笔画出你下一年的期望，每个领域你希望提升到几分。建议不要每个方面都提升，精力有限，那不太可能。

比如 2019 年，我计划把健康和个人成长这两个方面，由 3 分提高到 7 分；把娱乐休闲从 3 分提高到 5 分；把自我实现，由 2 分提高到 4 分。

3. 制订具体行动计划

前两步，我们都在玩圆方规划图中圆的部分，第三步，该搞定方的部分了。我们是对下一年有了期望，希望满意度达到多少分，那怎么实现呢？在这儿写写画画，规划就能实现吗？当然不能，必须积极行动。这一步，我们就在圆的外部，针对每个领域，制订具体的计划。

比如健康方面，我计划一周喝酒不超过一次，每天运动三次；个人成长方面，我要参加两次培训，不能光输出不输入；事业方面，我要开八次"职场幸福课"授证讲师班；自我实现方面，我会跑一次马拉松，花钱请大咖给我的学员们上课。

这就是圆方规划图的绘制过程，它是个非常非常非常强大的自我管理工具。我个人使用近10年,亲证有效!

第三,绘制每月生命之花,如图2-3所示。

接下来,将年度目标,分解到每个月完成,列出每个月目标。

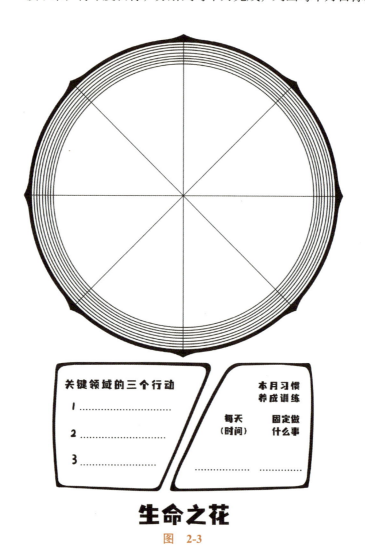

生命之花

图 2-3

第二课 向前一步，直面未来的自己

第四，制订每周计划。

最后，根据工作任务的轻重缓急，制订每周计划，如图2-4所示。

月 日~ 月 日		
本周要事	**星期一**	**星期二**
重要合作伙伴	小确幸:	小确幸:
星期三	**星期四**	**星期五**
小确幸:	小确幸:	小确幸:
星期六	**星期日**	**本周小结**
		本周满意度: 满意完成事项: 改进与提高: 本周心情 ○ 自我激励 ○
小确幸:	小确幸:	

图 2-4

职场幸福课：把工作折腾成自己想要的样子

没错，读到这里，你一定会感觉"职场幸福课"的第二模块"自我发展"，是一个特别完备的系统。在这部分，我引入了和北京林业大学于翠霞老师共同开发、机械工业出版社出版的《圆梦职场——个人战略管理手册》，使所有课堂理念能够在日后的工作和生活中践行。这本手册，将帮助你仰望星空，脚踏实地，实现"人生有方向，三年有愿景，年年有规划，月月有目标，周周有计划，天天有行动"。

二、焦点在哪里，能量就流向哪里

有一年，在大理，参加玛丽莲博士的国际培训师培训。分小组练习的时候，博士发现有些同学不认真，并没有按她老人家的要求演练，而是在讨论与练习无关的内容。回到教室后，博士讲了一个隐喻故事。

在一个岛上，有一片香蕉园。香蕉成熟时，岛上的猴子经常晚上来偷食，一番糟蹋，让人防不胜防令岛民们头疼不已。

人毕竟比猴子聪明，一段时间之后，岛民终于想出一个办法。他们在香蕉树上，用结实的绳子，拴上椰子，椰子上打了一个猴爪大小的洞。椰汁被倒空，里面放上一种甜米，这种甜米是猴子特别喜欢吃的食物。

夜幕降临，偷惯了香蕉的猴子，又如约而至。一只小猴子，探头探脑观察敌情，确定安全后，噌噌噌爬上了香蕉树。扯下，剥开，吃掉一只香蕉。当再次够香蕉的时候，小猴子忽

第二课 向前一步,直面未来的自己

然看到头上有一个椰子。它好奇地伸爪碰了一下,迅速地收回。哦,安全。它接着又试探地碰了几次,不但安全,而且,从椰子的洞里散发出诱人的甜米味道。小猴子完全忘记了香蕉的事儿!它在椰子洞口摸索了一会儿,内心好一番纠结。终于抗拒不了诱惑,伸爪进去,握住了那团甜米。可洞口的大小,只能容猴爪进去,握住甜米后猴爪攥成了猴拳,就退不出来了!小猴子百般挣扎,可无论如何也挣不脱。它想连椰子一起扯下来,可绳子将椰子牢牢系在树上。它只需要将爪里的甜米松开,就可以挣脱。可那诱惑太大了,它怎么也舍不得。

就这样折腾了一夜,小猴子精疲力竭。第二天早上,岛民赶来。看到有人过来,小猴子还是不舍松手,最后被生擒活捉。用同样的方法,岛民又逮到了几只猴子。久而久之没猴儿敢去偷香蕉了。

故事讲完,博士哈哈大笑,睿智地总结:猴子是多么容易分心啊!本来它们是要偷香蕉的,而半路受到了吸引,分了心,就忘记了自己想要什么。我们也是,很容易分心,忘记了自己最初的目标。

有些初入职场的朋友,会问我如何能迅速成长,取得所谓的成功。而成功的秘密,非常简单,就是专注。焦点在哪里,能量就流向哪里。时间花在哪里,成果就出在哪里。

每个新年伊始,我估计,我们中的大多数人,都制定好了新年目标,但到年终,实现不了几个。年初目标是琴棋书画诗酒花,年终总结变成柴米油盐酱醋茶。

职场幸福课：把工作折腾成自己想要的样子

怎么能够让目标如期实现呢？我分享三个建议。

第一，关闭手机。

手机对专注力的破坏，不需赘述。

最近听到两个演讲，一个来自泰勒·沙哈尔；另一个来自《把时间当朋友》的作者李笑来。他们分享了一个共同的习惯，就是在特定的时间，关掉手机，专注于重要的工作。沙哈尔说在家时不接电话，只开着一部亲戚朋友能找到他的座机，以备急事联络。而李笑来工作时不看电话，待任务完成，才回复必要的信息或电话。

这是非常有效的方式，叫作电子静默，即排除电子设备的干扰。如果白天做不到，我们不妨在晚上找段时间，即使不关掉手机，也远离社交及娱乐软件，专注于重要目标。放心，什么都耽误不了。这个世界上发生的事情，大多都与你无关。

第二，一段时间内，只专注于一个目标。

一个好朋友跟我说去年过得不错，学会了古筝，开始了跑步，马甲线也初具雏形。可是，学英语的习惯，还是没养成。问我，怎么破？我说："怎么破？悦纳自己啊。你已经养成了三个好习惯，别太贪心！"

人的意志力，是有限的。就如同打游戏时，一共就 10 格血。意志力总量有限，每一个新习惯的建立，新目标的达成，都需要耗费意志力。练古筝、跑步、折腾马甲线，已经耗光了他的意志，血越来越少，还哪来的力量培养学英语的习惯？所以，别贪多。一次就专注一件事儿，待它养成习惯，不再需要耗费能量，再去挑战新目标。

第三，"学习焦虑症"是一种病，得治。

我的一些粉丝特别上进。看他们的朋友圈会发现，周一他在听"改变自己训练营"网课，周二在"年读百书"群里发言，周三去头马演讲，周四又玩思维导图。确实够忙活的。而这属于典型的学习焦虑症，得治。他们像极了一些上课达人，在很多热门课上都会看到他们。

万法归宗，所有的好课，本质都是一样的。只要学会一门，并深入践行之，你就所向披靡了。杂家，永远成不了大家。先在一个领域成为大家，才可能横向迁移，成为杂家。比如学英语，新东方、华尔街、李阳，只要把一个学透，就一定可以行走江湖。怕的就是今天尝尝这个，明天试试那个，后天再试试另一个。

地表10米之下，一般都会有水，盯住一点深挖，自会涌出清泉。在A点刨两下，换去B点挖两下，再去C点钻两下，只会徒劳无功。

我的培训师朋友蔡明，两年前摒弃了所有其他课程，专注于行动教练。现在，他的"行动教练"课程已经成为我知道的发展最快的教练课程，没有之一！我的朋友李忠秋，只专注于结构化思考力研究。而他的课程"结构化思考"已经成为我知道的最知名的同类课程，没有之一！目前我也在减少其他课程讲授，专注于"职场幸福课"的开发与推广，致力于将它打造成中国最实用的职场幸福课！

焦点在哪里,能量就流向哪里;时间花在哪里,成果就出在哪里。你的新年目标已经制定了,而专注,是实现它们的秘密。大道至简,少即是多,慢即是快。这,也是成功的秘密。

三、别让过去绑架了你的未来

2022年12月31日,下午三点的大理古镇,温度适宜,空气里弥漫的都是慵懒的味道。游人稀少,店铺老板或者在电脑前打游戏,或者捧着手机看剧,并不费力地兜售。街边小店屋檐下的风铃,隔半天,才会象征性地,随风叮铃一声。两只肥猫,一黑一白,眯着眼,蜷卧在咖啡馆门前的长椅上。偶尔抬头环顾,喵都懒得喵一下。几个乞讨者,隔段距离分布,在自己的地盘上,打着瞌睡。

我从一家T恤印字店出来,在古镇的街道上信步闲逛。忽然,一个老年乞讨者,右手挂着一只拐杖,左手伸向我,嘴里叨咕着模糊不清的言语。我掏出钱包,翻翻,没找到零钱,微笑下说:"不好意思,没零钱了。"老者并不纠缠,我侧身而过,继续溜达。

就在这时,我忽然听到身后的老者不迭声地说:"谢谢,谢谢,谢谢!"我转过头,看到那个乞丐正对一个中年男子点头哈腰道谢。乞丐刚刚还空空如也的左手里,捏着几张纸币,有10元的,有5元的,有1元的,一共几十块的样子。显然,钱全是那个男子给的,而数额远远超出乞丐的期望。

第二课　向前一步，直面未来的自己

我好奇地打量那个男子。衣着普通，并不像土豪，身边跟着一个中年妇女，两人看起来像夫妻。我们前后脚往前走，没几步，那个男子又从右边的裤子口袋，掏出几张钱，几十块的样子，给了下一个地盘上的乞丐！

这太让人费解了！常理上说，一般人不会给乞丐这么多钱啊。受好奇心驱使，我眉头紧锁，放慢脚步，故意落在后面，紧紧跟踪着那对男女。当遇到第三个乞丐时，那个女的又掏出了一把钱施舍，搞得乞丐受宠若惊。

百思不得其解。我一路尾随，直到他俩坐到了一家咖啡馆的门前。中年男人，面带倦容，要了瓶啤酒，点了支烟。我坐到旁边的桌子上，点了瓶同样牌子的啤酒，伺机搭讪，想探个究竟。喝了几口啤酒，我假装拍拍自己的口袋，做出找东西的样子，然后探身过去对那个男人说："大哥，借一下打火机。"

简单攀谈几句后，我说："大哥，我没别的意思，只是好奇。我刚才注意到，你给了那几个乞丐好多钱，一般很少有人给那么多啊。"

男人哈哈一笑，身子往椅背上一靠，和旁边的女人对视了一下，然后说："我们是在布施。"

"布施？"我好奇地问。

"嗯，布施。"男人说，"2022年，我们家特别不顺。做生意被朋友坑了，孩子还生了病。这一年非常郁闷，我们俩趁年底出来散散心。"

"所以你们就来到了大理？"我问。

职场幸福课：把工作折腾成自己想要的样子

"是的。每年年底，我们都会做个仪式，对过去告别的仪式。"男人说。

"今年忽然有个想法：见到每个乞丐都给些钱，算作布施，也当成个仪式，跟过去的一年告个别，不让过去的痛苦绑架我们。"

"哇，这个告别仪式太有意思了！"学积极心理学的我，钦佩地说。

"对，告个别，把不好的全都留在过去。"男人抽了口烟，长长地吐出去，"明年重新开始，让往事都随风吧！"

我被他感染，抄起酒瓶，和他砰地碰了下："说得真好！来，相遇在大理，是缘分啊。为往事干杯，让往事都随风吧！"

2022年的最后一天，在大理，这位给了乞丐好多钱，拿布施当告别过去、迎接新年仪式的朋友，说出了人世间一个朴素的道理：让往事都随风。

在我设计的"职场幸福课"里，我介绍了一个应对负面事件的极其有效的工具，那就是ACT行动模型。

其中的A，是Accept，接纳。

就是全然接受发生在你身上的那些不幸、郁闷、糟心的事情，以及伴随而来的，那些悲伤、愤怒、失望等负面情绪。

不抵抗，不拒绝，不逃避。

泰勒·萨哈尔博士，在北大一次演讲中，分享了幸福的三个秘密。第一个秘密，是现实。第二个秘密，是现实。第三个

第二课 向前一步,直面未来的自己

秘密,还是现实。

是的,幸福的首要基础,是接纳现实。人有悲欢离合,月有阴晴圆缺,生命的组曲里面,有欢快、高昂的曲调,也必然有忧伤、低沉的音符。这是生命的本真,生而为人,必然要经历和体验,同时,接纳负面事件引发的情绪。此时,我是愤怒的,我是哀伤的,我是郁闷的,这都没有问题。

要允许自己有七情六欲。我是普通人,也会有喜怒哀乐,抵抗情绪只会加剧情绪。我们的不快乐,往往来自于对负面感觉的抵抗。那个讨厌的家伙,不值得我再为他生气,不值得再想他了!越压抑,就越生气,就越想他。

就如现在,我跟你说:"请抬头离开手机,闭上眼睛,不要去想那个伤害过你,又拂袖而去的前男友或前女友。"而浮现在你脑子里的,一定是那个前男友,或前女友吧。

所以,面对负面事件,要全然地接受,这就是生活的一部分,除非你不是人。然后,接纳和觉察随之而来的情绪,我很生气,我很愤怒,我很绝望,这一次,我是真的受伤了。

ACT 里的 C,是 Commit,承诺。

接纳之后,是承诺。允许自己沉浸在负面情绪中,全然接纳之后,做出承诺:不管发生什么,我要为自己负责,我是自己人生的主宰。我总有选择。

人世间的事,就分两种:一种是你能影响和改变的;而另一种,是你完全无法掌控的,你根本无能为力。对前一种,承诺去行动,去改变。而对后一种,调整自己嘴角的曲线,微笑

职场幸福课：把工作折腾成自己想要的样子

而无奈地接纳。

我在苏州有个朋友。她有一天跟我，说："王老师你有机会写写我的遭遇：我老公的哥哥，前几年做生意，把我们家在青岛的房子抵押给银行做贷款。现在哥哥欠了好多钱，跑路去了韩国。我们根本找不到他，房子就这么没了。我太恨他了，恨得咬牙切齿，我该怎么做呢？"

我借这本书，回答这个朋友："可以恨，接纳自己的恨。然后呢？尝试了所有办法，都收不回自己的房子，然后就忘记这件事吧。这件事，是生命的一个插曲。它已经影响了你过去的心情，你又无能为力，难道，你还要让它一直绑架你，影响你未来一生的幸福？"

美国匿名戒酒委员会有句祷告词：请赐我勇敢的心，去改变那些我能改变的；请赐我平静的心，去接纳那些我不能改变的；请赐我智慧的心，分辨这两者。

所以，接纳之后，做出承诺：对能改变的，尽力而为；对不能改变的，顺其自然。

ACT 里的 T，是 Take Action，采取行动。

第三步，很简单了，就是采取行动。或者去改变那些能影响的，或者搞个告别仪式，对那些无能为力的事，说再见。

朋友萧秋水，在她的新书中写过一段话，她的初恋男友曾经和她提及："在你的书中，或者将来写自传时，一定要写写我。"秋水回答："写什么呢？"言下之意，是没什么好写的。这是对过去之事豁达的态度。过去之事已经无法改变，就不必留恋。过去就过去了,人总要前行。

我很开心,在 2022 年最后一天,在大理,我遇到了那对布施的夫妇。他们用这种方式,告别过去,不被之前的痛苦绑架,让它们往事随风。

你呢,有要告别的事情吗?不妨搞个特别的告别仪式:它们已经影响了你的过去,从当下这一刻,彻底说再见,别让它们再绑架你的未来和一生的幸福。

让往事都随风,都随风。然后,缝好伤口,勇敢前行!

四、如何做一个以终为始的人

我讲"高效能人士的七个习惯"中第二个习惯"以终为始"时,习惯让学员写出他们年初制定的三个目标。从学员的反应看,至少 80% 的人,年初并没有对新的一年做出规划,也就是没有目标。通常我会说没关系,因为即使 1 月 1 日制定了目标,绝大多数人,到了 2 月 1 日,已经把这些目标忘在脑后了。

缺乏毅力,或者说缺乏意志力、自控力,往往使我们的目标半途而废。意志力,对做成某事来说,至关重要。

心理学家曾做过问卷调查,让人们说说自己最大的优点,他们往往会说自己诚实、善良、幽默、谦虚等,但很少有人说自己的优点是自制力强。研究者在问卷中列出了二十来个"性格优点",在世界各地调查了几千人,发现选择"自制力强"

的人最少。不过，当研究者问到"失败原因"时，回答"缺乏自制力"的人最多。

我通读了两本书，《自控力》和《意志力》，仔细研究了一下意志力这回事儿。自控力和意志力，对应的英文都是Willpower，所以我就用意志力一并概括。

1. 意志力的定义

意志力就是控制自己的注意力、情绪和欲望的能力。通俗点儿说，就是能不能管住自己，管住自己不做不应该做的事情，坚持做应该做的事情的能力。

2. 意志力的特点

第一，意志力是有限的，使用就会消耗。

第二，你从同一账户提取意志力用于各种不同任务。你一整天做的各种事情之间存在隐秘的联系，你从同一账户提取意志力去忍受拥挤的交通、烦人的同事、苛刻的上司、淘气的孩子。花去了一部分意志力，剩下的意志力就少了，所以上班受气，回家踢狗。故我们建议，夫妻关系不和谐的人，不要通过加班来逃避和对方见面。因为在公司消耗了更多的意志力，回家就更没耐心与对方沟通了。

3. 意志力的重要性

我最近总说这句话：成功很简单，就分两步，第一步是开始，第二步是坚持。

坚持靠什么，就靠意志力了。意志力也可以理解为：平衡当下快乐和未来收益的能力。如果缺乏意志力，不能控制当下

第二课 向前一步，直面未来的自己

的小爽，及时行乐，就透支了未来收益，享受不到更长久的大爽了。心理学上著名的"棉花糖试验"表明，能够自制，不吃第一块棉花糖，等到第二块棉花糖奖励的孩子，长大后无论在事业上，还是在人际关系上，都要优于不能等待的孩子。能够延迟享乐，是成功的重要因素。

4. 意志力可以锻炼和增强

这对自认为缺乏意志力的人来说，是个好消息。如同跑步一样，今天顺着跑道跑了五圈，明天就可能跑六圈，日复一日，后来跑个十圈八圈不在话下。先设定一些小的目标并坚持完成，锻炼了意志力肌肉后，信心会更强，再挑战更大的目标，循序渐进，成功的概率就更大。

给以前的同事做教练，他希望做到连续三个月学习英语，我建议说："先连续坚持两周，两周听上去比三个月更容易实现，会减轻你的思想压力。坚持两周，再坚持两周，再坚持一个月，连续几个周期，加起来不就是三个月了嘛。"

铺垫够了，我们来谈谈如何提升意志力。

结合上面提到的两本书，和自己的体验，我认为，意志力涉及的无非两件事：第一，停止某些事，即戒掉坏习惯，如吸烟、吃垃圾食品、看电视、刷短视频，等等；第二，开始某些事，即养成新习惯，如锻炼、读书、听英语、和家人在一起，等等。

先介绍三招帮你戒掉坏习惯：

1. 隔绝诱惑源

吸烟的人，家里和办公室彻底清除香烟；爱吃垃圾食品的

职场幸福课：把工作折腾成自己想要的样子

人，客厅茶几上杜绝任何垃圾食品；爱刷抖音的，在写工作报告时，把手机锁起来；购物狂，上街的时候，只带少许零钱。这些都是隔绝诱惑源的方式，在那个特定时刻，犯了瘾，挺挺也就过去了。最近，我在和刷抖音做斗争，已经决定每天上午9∶00—11∶00，下午2∶00—5∶00的时间段，把手机放得远远的，只集中精力看书和学习。

2. 循序渐进，转移注意力

如果做不到一下子戒掉某个坏习惯，可以一点点减少。每天少抽一两根烟，减少点儿看电视的时间，一步步来。在坏习惯侵袭时，用新习惯代替，来转移注意力，比如去运动，看更有营养的电视节目来取代垃圾电视剧。

3. 接纳和审视你的欲望

有人会质疑第一招：隔绝诱惑源，担心会不会现在拒绝了，由于太过渴望和压抑，再遇到诱惑时，反倒变本加厉，一发不可收拾。确实有这个可能，尤其还有"道德许可"定律在作祟：哎呀，我这段时间控制得不错啊，可以奖励下自己，今天放纵一下。戒掉坏习惯的第三招，叫接纳和审视你的欲望。当心中有欲望升起的时候，不是去抗拒，而是接纳。越抵抗，越压抑，欲望会越强烈。反倒是承认它，接纳它，审视它，它会更容易被驯服。直面欲望，驾驭冲动，但不付诸行动，记住你真正重要的目标。

接下来，说说怎么建立良好的新习惯。

第二课 向前一步，直面未来的自己

1. 一次只建立一个习惯

我想一周运动三次，也想一周读一本书，还想学上一门乐器，英语似乎也该提升下。很多时候，不能把新年的目标付诸实施，是因为目标太多了，人们期望把生活的方方面面同时改善。但如同前面所说的，我们是从同一账户提取意志力用于各种不同任务。目标太多，同时作战，从体力到意志都疲惫不堪，结果往往一事无成。年度计划，有三个主要目标就足够了。每天的工作，先把事情按轻重缓急排序，然后划掉排在"3"之后的所有事情。一次一件事，你完全能够应付，一次两件事，你就捉襟见肘。慢慢来，生命终究要走到终点，所以没必要急。一味前进而忽略了路过的风景，那样的生活，就没了乐趣。

2. 加入志同道合的"群体"

意志力具有强烈的传染性，一群不知疲倦的马拉松选手一起跑步，他们会激发你的潜能，你一定不好意思很早就缴械投降。芝加哥警察局做过一个调查：一半的受访者在第一次犯罪时都不是单独行动的，他们一般会跟自己的朋友或亲戚一块儿去。就像肥胖、吸烟和其他社会流行病一样，你在社交网络里的观点和行为会像传染病那样传播开来。所以，想建立一个新习惯，非常好的方式是找到一个新的"群体"加入进去。这个"群体"可能是一个支援小组，一个本地俱乐部，一个网络社区，甚至是一份支持你实现目标的杂志。

因此，我一直主张大家慎重选择博主关注，一定要关注

职场幸福课：把工作折腾成自己想要的样子

那些能给你带来正能量的博主，近朱者赤，近墨者黑，你的一生，很大程度上取决于你和谁在一起。环境太重要了。不想练吉他的时候，听到楼下的孩子每天不成调地吹萨克斯，我只好又开始调弦。置身于和你共享承诺与目标的人们当中，会让你觉得自己的目标才是社会规范。最近，我的几个朋友在微信上发起了一个"早起团"，大家早晨起来就打卡，激励自己建立早起的习惯。这样的团体真的很棒，在惰性来袭时，能够将自己叫起来。一段时间下来，早起的习惯就养成了。

3. 运用想象力激励自己

在考虑如何做出选择的时候，我们经常想象自己是别人评估的对象，研究发现，这为人们自控提供了强大的精神支持。预想自己实现目标后（比如戒烟或跑完马拉松）会非常自豪的人，更有可能坚持到底并获得成功。东北大学的心理学家大卫·德斯丹诺认为，与讨论为了未来的收益，应该放弃现在的舒适等理论比起来，自豪、羞愧等社会情感能更迅速、更直接地影响我们的选择。所以，当你要做一件事时，可以充分运用想象力，想想坚持下来后，该是多么骄傲的一件事。我曾经坚持游泳三年，每周两次，每次游 2000 米，能坚持那么久，那份和人谈起时的自豪感给了我莫大动力。

如果你能坚持读到这里，不得不说，你今天赚了。因为在最后，我会和你分享提升意志力的最重要的两招：

首先，找到那些"当下快乐"的事。

我们往往会有这样的感受：我当然知道锻炼身体有好处，

第二课 向前一步，直面未来的自己

但就是坚持不下来；读书当然是好习惯，看了一本我再也看不下去了。意志力是这样一种东西，它会帮你为了未来的收获和收益，硬着头皮做现在不愿意做的事。但，为了未来，现在就得做苦行僧吗？泰勒·萨哈尔说："幸福等于当下快乐加未来收益。"这两者有任何一方缺失，你都不会感觉幸福。所以，如果能找到未来有收益，同时当下也让你快乐的事，就比较容易坚持了。因此，锻炼的方式很重要，如果你运动的项目让你在过程中就很爽，你坚持下来的可能性就更大。你问问那些多年来能持续做一项运动的人，一定是运动的当下很享受。总结说，任何方面的好习惯，身体的、心智的、精神的，都有很多实现方式，你需要做的是，不断探索，找到你喜欢做的，这有助于习惯的养成。

其次，做"公众承诺"。

这招太牛了，想建立什么习惯，把这个事公布给大家听，你坚持下来的可能性立刻爆棚。曾经有个女孩，怎么也减不下来肥，后来她给亲朋好友写了信，包括她喜欢的男孩，郑重承诺要一年内减多少斤。当然，她做到了。我培训时喜欢和学员吹牛，说我坚持听英语已经七八年了。之所以能坚持这么多年，和我总和学员说这个习惯有很大关系：已经说给大家了，当然得自律，得坚持。因为说出去了，好像会有很多人关注一样，你就必须做到，不能自己打自己脸啊！还有我们微信"早起团"的朋友，早晨起来就发朋友圈说今天是早起的第多少天，这个行为一定会帮他们坚持更久。

职场幸福课：把工作折腾成自己想要的样子

五、不要在该折腾的年纪选择安逸

有读者在我的微博留言：

我是《把每一天，当作梦想的练习》的读者，特别喜欢您的书。我现在工作非常郁闷，您赶紧给我支支招儿！我去年毕业，进了一所私立学校工作。当时考试成绩是第一名，可以选择任何学校，听说这所私立学校是全市最好的，头脑一热就进来了。现在特别后悔当初的选择。第一，工作太忙了，压力特别大，特别累；第二，学校总要组织一些无聊的、没有价值的、老教师不愿意参加的活动；第三，我渴望的，是岁月静好的生活。而现在完全实现不了，我该怎么办？

作为咨询师，我们一般不直接给建议，更愿意陪伴来询者一起探寻答案。但是，我还是给了她几点建议：

1. 选择就要承担相应的后果

你觉得压力大，很累，这很正常。不管是私立学校还是公立学校，都不会让你混日子。如果一切都轻松，这里怎么能成为最好的学校呢？选择，就意味着要承担相应的后果。

2. 职场遵循收获法则

出身农村的孩子，都懂这个道理。秋天是收获的季节，硕果累累，粮食满仓，喜悦祥和。而收获的前提是，春天你要播下种子，夏天你要辛勤耕耘。这就是收获法则，是自然规律，谁也逃不脱。所以，组织那些你认为没价值的活动，干那些无

第二课　向前一步，直面未来的自己

关紧要的活儿，这也是职场的一份经历。

曾经有个年轻朋友，在微博上发牢骚说："我恨死了论资排辈。"我评论说："当你年轻时，你可能会恨论资排辈。当你年老时，你会爱上它。"

一次在深圳大学演讲，结束时有个男生提问："老师，我怎么才能成为像你那么成功的培训师？"我回答说："首先，不要成为我，做你自己就好。其次，如果你想成为一名成功的培训师，需要付出10年的时间。"男生说："啊，要那么久？"我说："是的。听说过1万小时天才理论不？要想在任何领域成为专家，一般需要花1万小时。怎么计算呢？平均每天在这件事情上花3个小时，一年365天，大约1000小时。那1万小时呢，就是大约10年。"

坐过飞机的朋友都知道，飞机接收到塔台的指挥，缓缓滑上跑道。一般在跑道上都要排会儿队，待前面的飞机起航，接指令后，开始提速，发动机剧烈轰鸣，到达一定速度，拉起机头，冲上云霄。这像极了我们的人生。前面的付出，滑上跑道、排队、提速，都是在蓄势，为最后的翱翔做必要的准备。这是规律，是自然法则。而现在的很多年轻人，不想做民航客机，想做直升机。不想经历蓄势的过程，想拔地而起，一飞冲天，直上云霄。

3. 年轻就该折腾，不必追求岁月静好

最后想说的是，年轻就该折腾，要什么岁月静好啊！

人的生涯，大致可以分为三个阶段：生存期、发展期、梦

职场幸福课：把工作折腾成自己想要的样子

想期。生存期的要务是学习和尝试。发展期的要务是聚焦和提速。梦想期的要务是开拓和追求。那位在私立学校工作的姑娘明显属于生存期啊，可不要在这个阶段追求岁月静好。我宁愿把生涯的三阶段后面，加一个阶段，那个阶段，才叫岁月静好期。

我女儿的舅舅，四十五岁左右，靠自己半辈子的积蓄，在北京和天津的交界——武清买了个小别墅。花了一个周末，在院门口，砌了个小菜园。又花了一个周末，自己装饰了露台。这叫岁月静好。公园里的大妈，管它刮风下雨，每天都跳广场舞。虽然不太静，也叫岁月静好。

而对于二十多岁的年轻人，正是该奋斗、该折腾、该闯荡的年龄，追求啥岁月静好啊！

六、从当下的苟且，到诗和远方

去年冬天的一个晚上，上海一位朋友发微信说："我刚刚换了工作，到一家公司做生产管理。这两天接到猎头电话，推荐给我两个职位，都是工程师，你说我该不该再接着跳？"

我回说："你之前是工程师，刚转型做生产管理。怎么又对工程师的职位产生了兴趣？纠结之处，到底在哪儿？"

朋友说："我现在这个生产管理的职位，每个月薪水是9000元。而猎头推荐的两个工程师职位，都能给到13000~14000元，我就开始动摇了。"

我回说:"人的生涯,一般可以分为生存期、发展期和梦想期三个阶段。生存期的基本温饱问题解决之后,钱,不适于作为选择的核心因素。"

朋友说:"你说的,我懂。可从9000到13000元,涨个四五千,对我们只工作四五年的人来说,已经够有诱惑力了。你说钱不适于作为选择的核心因素,可我真的很纠结啊!如果钱不是核心因素,那什么才是核心因素?"

我回说:"我也不知道,对你来说什么是核心因素。这样好不好,你来思考一个问题:你现在的职位,生产管理,如果做得成功,下一步可以提升到的职位是什么,那个职位每天都在干什么工作?猎头推荐的职位,工程师,如果发展得好,下一步可以提升到的职位是什么,那个职位每天都在干什么工作?这样的话,你能得到至少两幅职场画面,然后想想,你更喜欢哪个。"

第二天,朋友发来微信:"我想明白了,还是继续做现在的生产管理。我以后想当生产经理,在运营现场,带着弟兄们热火朝天完成生产任务。而不是成为高级工程师,在实验室和工位上,通宵达旦。"

我回说:"就是这么简单。生命是一条时间线,线上有过去,现在和未来。当现在面临纠结时,不妨想象一下,你的决定会给将来带来什么结果。未来的画面,会反过来帮你做当下抉择。"

后来,他告诉我,半年多后,他已经被提为生产经理了!

职场幸福课：把工作折腾成自己想要的样子

面对纷扰世界中的各种选择，心中有定见，那自然好，会让你毫不纠结，瞬间做出判断。如果对某些事物没有定见，不妨想象一下未来的场景，让那幅画面，帮当下的你做选择。

生活不只有当下的苟且，还有诗和远方。

七、职场专业主义，你的专业是什么

某次出差结束，从宾馆订了辆车去机场。司机五十来岁，穿着深蓝色套装，戴着白色蓝沿儿帽子和白色手套，显得很职业。他接过我的行李放在后备厢，然后坐进驾驶位置，摘下帽子，随手扔在前面，发动了车子。动作里没有宾馆司机常见的礼貌谦和，透着不耐烦。车子驶稳，我们开始聊天。

经过攀谈了解到，他的不耐烦，源于对工作的不喜欢。他说要不是没办法，谁这么大岁数还来干这活儿。我问那您以前是做什么的，他开始滔滔不绝讲述当年的故事。他的职场经历真丰富：当兵回来后，做过射击教练，做过卡车试车员，还玩过水上飞机，也和朋友做过多次生意，几起几落。

"那怎么又做上了司机？"我问。他拍着方向盘感慨："咳，年轻时不懂事，兴趣广泛，不定性，这个也好，那个也喜欢，最后哪个也没干成。"他落寞着总结，"当年一起当射击教练的，如今在带队出国比赛；一起玩水上飞机的，成了这个领域的专家；一起做生意的，已经建了好几个厂。自己呢？一事无成。这些年一直晃晃悠悠，现在老父亲快八十岁了需要赡

第二课 向前一步,直面未来的自己

养,自己也五十来岁了,老无所依,只能又出来工作。

作为职业规划师,我十分理解他的处境。在生涯发展理论里,舒伯将人的生涯划分为成长期、探索期、建立期、维持期、退出期几个阶段。每个阶段都有不同的核心任务和核心角色,上一个阶段的任务没有完成,角色没有扮演好,必然影响下一阶段的生活。这个司机,在职业生涯角度,探索期太久,始终没有清晰的职业定位,根本没有进入建立期。同样的年龄,别人只要维持自己的工作就好,而他始终没搞明白自己该干什么,没有自己的专业。上一阶段欠的债,下一阶段总要还。

第二个故事有关一个女孩,二十七八岁,做行政。她喜欢自由自在的生活,工作一段时间,攒点儿钱,便辞职,拎起背包去旅行。旅行腻了,再回来找行政类的工作,工作一段时间,再辞职去旅行,自在而潇洒。一次闲聊,职业规划师问她一个问题:"三十岁之后,你该怎样生活?"她现在还年轻,很容易谋得一份行政的工作。而行政,是一份专业性较弱的工作,待她过了三十岁,恐怕很难跟更年轻的人竞争。即使她竞争得过,行政职位的待遇,或许也满足不了她那时的生活需求。听到职业规划师的问题,她受到触动,开始思考后面的人生。在她的年龄,正是该探索和建立自己专业的阶段,这个阶段的任务完成得不好,必将影响以后的生活。

"人的一生,要有一场轰轰烈烈的爱情和一次说走就走的旅行。"很多人被这句潇洒而不负责任的话害了。首先,绝大多数爱情都不会轰轰烈烈;其次,旅行可以说走就走,但注意这句话里说的是"一次",而不是多次,不是随时。背包客,最佳的状态,是通过旅行建立自己的职业和谋生能力,比如给杂志写专栏,给画报拍照片,组团给其他旅行者做导游。否则,将荒废建立专业能力的时光,把岁月蹉跎在风景里。人的生涯,是连续的,这段过于潇洒,下段就得更多付出。

工作,实质是一种交换关系,我们付出专业能力,为企业创造价值,企业支付相应的薪水和待遇。要想过得比较好,我们就得让自己更专业。所以,在企业里做行政的,做助理的,转去做 HR 会更好,因为相比行政和助理,HR 是更专业的工作。而做保安和建筑小工,就不如去做装修、做厨师,因为后者更专业,随着经验的累积,未来前景更好。

最后一个故事有关水浒。梁山好汉的结局,最好的就是神医安道全、玉臂匠金大坚、紫髯伯皇甫端、圣手书生萧让、铁叫子乐和、轰天雷凌振。这几个人的结局为什么会好?看病、刻字、养马、写字、唱歌、做火药,他们共同的特点都是手艺人,都有一技之长。无论历史如何变迁,专业人士总能有口饭吃。

这给我们职场人士的启示是,你得有一样拿得出手的本事,做专做精。罗振宇在他的自媒体节目《逻辑思维》里提到一个词儿:U 盘化生存。意思是说未来的专业人士像 U 盘一样,自带信息,不装系统,随时插拔,自由协作。

U 盘化生存不受行业和公司的限制,实质说的就是专业主义。

第二课　向前一步，直面未来的自己

八、怎样才能实现收入跃迁

晚上8∶50，我去了趟洗手间，回到电脑桌前，摊开笔记本。写下日期和咨询者名字后，我闭上眼睛，做了几次深呼吸，进入咨询状态。9∶00，手机响起。咨询者小晴打来了电话。我插上耳机，按下接听键。

简单寒暄过后，我说道："我们有一个小时的时间。今天你要谈什么话题呢？"

小晴说："老师，我想和你谈谈十年理想。我想在十年后，做到年薪百万。今天就想和你聊聊，怎么才能做到。"

听到这狂野的目标，我哈哈笑道："老师也没有年薪百万，你确定我能在这个话题上帮到你吗？"

"您是著名咨询师啊，我相信您。"小晴在电话那头肯定地说。

"好吧，我们试试。"我笑着说道，"那今天谈话的目标，就定为找到实现10年后年薪百万的方法？"

在本子上记录下咨询目标后，我说道："小晴，我想了解一下你目前的工作状况。你现在做哪行，工作性质是什么？"

小晴答道："老师，我在一家保险公司工作。在这里工作了八年，刚刚由外勤转为内勤督导，负责培训企划。"

"哦，了解。你目前的薪水是怎样的？"我接着问道。

小晴说："我现在每个月是7000元，加上年终奖，每年8万多。"

职场幸福课：把工作折腾成自己想要的样子

每年 8 万，10 年内想达到年薪百万，我在脑海里简单算了下，差距不小啊！

"根据现在的情况，想在 10 年后每年赚到 100 万，这个目标能现实吗？"我单刀直入。

电话那头儿的小晴思考了一会儿，略有犹豫地说："有难度，不过也有可能。我们是保险公司嘛，如果做得好，收入增长会蛮快的。"

"好的。那你要完成怎样的业绩，或者要达到什么级别，才可以实现这个收入？"我问道。

"我觉得吧，当然不是很确切，如果能做到分公司的部门负责人，应该年薪会达到百万。"小晴说。

我继续问："你现在的职位，是培训企划，距离分公司的部门负责人，有几层的差距？"

小晴倒是很熟悉组织架构。"我上面是部门长，再往上，是分管总，也就是我们这边整个机构的一把手。再往上，就是分公司部门负责人。我距离那个位置，有三级吧。"

"那我有点儿好奇的是，"我用笔轻轻敲打着本子，"10 年，你有可能升到那个位置吗？"

小晴斩钉截铁地说："有可能。如果业绩好，我们的晋升比较快。"

"好的，小晴。总结一下，如果想 10 年后年薪百万，就要晋升到分公司部门负责人的位置？"我边记录边说。

"是的。"小晴认可。

第二课　向前一步，直面未来的自己

"那下一步，你要实现的，是成为部门长？"

"对的。我们公司的部门长，一般都是从培训企划提上去的。"小晴说。

我追问道，"就你的观察，部门长的核心工作有哪些？"

小晴边思考边回答，最后一共总结出三点："一是保持团队稳定，完成任务；二是夯实渠道关系；三是培训。要做部门长，讲课能力很重要。"

"对比这三项核心工作，你的差距在哪里？"我问。

"第一、第二项我都没问题，做了八年多外勤，都锻炼出来了。"小晴说。"就差培训了！我一想到要讲课就打怵，特别想成为像您那样的培训大咖。"

"哈哈哈！"我笑道，"假以时日，多加练习，你一定可以讲好课。那么，讲课，是成为部门长必要的条件？"

"那是相当重要啊！"小晴回答。

"那怎么提升讲课能力呢？"我进一步往咨询结尾的行动计划方面聚焦。

小晴说下个月她就要给80几名业务员做培训。经过讨论，我们制定了两个行动方案，第一，反复听小晴同事的讲课录音；第二，使用PPT，正式讲课前，进行两次小范围试讲。

咨询结束，我问小晴："咱们达成谈话前制订的目标了吗？即找到实现10年后年薪百万的方法？"

小晴如释重负地说："我很清晰发展路径了，而且知道了当下该如何行动。以前模模糊糊知道要什么，但不知道如何下手，十分焦虑。"

看到了吧，这就是职业规划师的工作！

我们只做三件事情：第一，帮你诊断现状，即你在哪里；第二，帮你探索方向，即你要去哪里；第三，帮你选择路径，即怎么去。不光是生涯规划，这也是剥离掉迷惑的外衣后，所有事情的本质。仔细思考一下，所有需求的本质，无外乎你在哪里，你要去哪里，你要怎么去。即你有啥，你要啥，你需要干啥。世间万事，概莫能外。

那么，你现在知道你实现收入跃迁的路径了吗？

九、成长就是不断突破舒适区

有年春节，和我的叔叔一起吃饭，这个叔叔是我父亲那辈最有出息的，年纪不大就在河南一家企业里做到了车间主任。但好景不长，九十年代末期，厂子的效益日益惨淡。有些人离开了工厂，到外面闯荡，也就几年光景，这些人已经在外面开了自己的工厂。他们回来找我叔叔，说他懂管理，技术又好，跟他们出去干吧。而叔叔当时舍不得已是鸡肋的工作，还继续熬着。一直到了2007年，他才终于跳出来，可那时，年龄已大，市场上不再有任他发挥和驰骋的舞台。

叔叔边吃饭边发感慨："你说那些人，论技术，论管理，都不如咱们啊。我当时就是缺乏魄力，要是早些出来就好了。"

写到这里，又想起前些日子辅导过的一个女孩。她在跻身于"四大"的一家会计师事务所做培训专员。七年下来,觉得这个岗位只是打打杂,没有发展机会,所以决定跳槽。我对这个女孩子印象很好,她各方面素质都不错,现在也成功换到了另一家公司。

身为车间主任的我叔叔和享受着"四大"各种福利的这个女孩,都曾经是"既得利益者"。这些人普遍缺乏危机意识,待在"舒适区域"里舍不得出来。等到外界环境变化迫使其不得不改变,或者内心终于觉醒时,好机遇、好时光已经不复存在。

在根据畅销书籍《谁动了我的奶酪》改编的课程"变革管理"里,提到了一个"变革模型",如图2-5所示,他们应该是在这个模型中的"现状区"里待太久了。

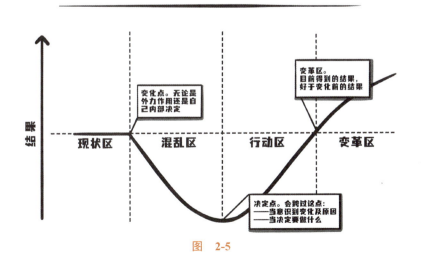

图 2-5

职场幸福课：把工作折腾成自己想要的样子

这个模型中，横向表示时间，纵向表示改变带来的影响（结果），它诠释了组织或个人面对改变所要经历的过程。

"现状区"表示变化还没有发生。一个人在这个区域持续时间越长，变化发生时他会越惊讶，这个变化对他也更具挑战。比如，在国企工作三十多年的一个人，突然下岗，确实够他受的。

"混乱区"是指一个人受到新变化的冲击。所有变化都会带来混乱，比如耗费时间、成本增加，等等。变化越大，冲击越大。这个区域会一直持续，直到你做出决定来面对这个变化。

"行动区"表示你做出决定去适应新变化的要求，开始、继续或停止做某些事情。

"变革区"表示你开始从变化里受益。到这个区域时，你已经掌控和利用了变化，所得到的结果比变化前还要好。

四个区域的时间长短，结果曲线的形状因具体情况而不同。这个模型可以帮你诊断你在哪儿，接下来应该做什么。

当年在企业上班时，我所在公司的法国母公司，购并了武汉某锅炉厂。公司将该厂的全部中高层拉到北京，我和另一个同事给他们宣贯集团的文化和价值观。我们讲完价值观后，其中两个四五十岁的经理当堂质疑："我们原来的公司也有自己的价值观，为什么要学法国公司的价值观？"

我们能理解处于"混乱区"的他们的心情，但同时很替其着急。你是被人家收购啊，不是你收购人家，大势所趋，这个

第二课 向前一步，直面未来的自己

改变你根本抗拒不了。最佳路径，是调试心态，迅速进入"行动区"。越早行动的人，越早进入"变革区"，越早享受变化带来的益处，也更可能成为领导者。

那么，这个"改变模型"对我们的职业生涯有何借鉴意义呢？我希望那些美滋滋处于"现状区"的朋友，稍微用点儿心，别刀枪入库马放南山。一定保持警醒，时时进步不断提升。唯有如此，当变化来临时，方不至于乱了阵脚。三条建议如下：

1. 自我审视

我很喜欢一句话：如果你今年还在用去年的方式，做着与去年同样的事情，那你的今年就白过了。所以要常常自省一下：今年我的工作内容有变化吗？同样的工作，有没有用更好的方式来完成？能不能完成得更好？

2. 主动规划

职业生涯，切忌等靠要。资源不会平白无故地向你倾斜，自己多长点儿心，看看这一年想往哪个领域拓展一下，然后削尖脑袋往那个方向努力。我曾经大言不惭地创造了"鹏程两问"，不妨再次分享给大家：第一，接下来的三个月，在工作方面，我要做哪些改进呢？（可以从丰富知识、学习技能、解决问题等角度考虑回答）；第二，接下来的三个月，在生活领域，我要做哪些提升呢？（可以从身体、心智、精神、社交情感四个角度考虑回答）。

3. 专业主义

职场人士得有一样拿人的本事，做专做精，这也是大前研

职场幸福课：把工作折腾成自己想要的样子

一所谓的"专业主义"。我们可以问问自己：如果所在公司倒闭了，我可以凭什么本事继续有饭吃？是否能够做到"金子到处发光"呢？

一个小女孩面对沙滩上的父母，背对大海玩耍。一个浪头打来，女孩摔倒了。她爬起来转过头，观察着大海的动静。等下一个浪头打来时，她随着海水轻盈地跳起来，并稳稳地站住。

变化也是这样，如果你在"现状区"和所谓的"舒适区域"里待久了，觉察不到变化的发生，它就会将你打倒，助你职场"说拜拜"。如果你能够预见变化，就可以更好地随变化而动。

而我的建议是，做到以上三点，你便可以主动出击，成为那个引领变化的人。不待外界变化来临，你已经主动华丽转身。我们不能完全主宰命运，但可以试着让命运朝我们希望的方向发展。这，就是职业生涯规划的意义。

职业生涯，绝对不能等靠要，最后分享甘地的名言：Be the change you want to see in the world！（欲变世界，先变其身）

预测未来的最好方式，就是创造未来。

十、成长，才能拥抱未来

2011年春节，大雪纷飞，我被滞留在北京首都机场。正无聊地翻书时，电话响起，是前同事小王打来的。当年在那家

第二课 向前一步，直面未来的自己

世界五百强公司共事时，我曾经当过小王的导师。简单寒暄之后，我俩开始了交谈。

小王说："我听说，当年你在公司被提升为经理的时候，是咱们公司史上最年轻的经理人。我想知道，当年你多大？"我搜索下记忆，告诉了他当时的年纪。小王嘿嘿笑着说："大哥，我能跟你分享个事儿吗？昨天我被提升为经理了。我比你当年，还年轻！"

我这暴脾气立刻就上来了："那你跟我说这个，是让我高兴呢，还是让我难过呢？"小王在那边故意气人："你高兴还是难过，我不在乎啊，反正我挺高兴的啊！"

确实，我高兴还是难过不是重点。重点是，他是怎么做到的？小王大学毕业加入我们公司，仅仅用了五年时间，就晋升为世界五百强的经理人。他成功的秘诀是什么？当年做他导师时候，我也很年轻，没什么经验和他分享。但根据我的切身体验，我给过他一个建议：那就是每年元旦，制定新一年的三大目标。

目标可以包括工作能力怎么提升，比如学哪些知识或技能；可以包括个人怎么成长，比如上个在职研究生；也可以包括家庭计划，存多少钱，买不买房，要不要孩子。

你知道目标的力量有多大吗？他每年都搞定几个目标，不断精进，五年下来，就成长为职业经理人了。把同一批进公司的三十几个同龄人，远远地甩在了身后！

2015年春节，小王又给我打电话："大哥，我能问你个问

职场幸福课：把工作折腾成自己想要的样子

题吗？"我毫不客气："你走开！我没时间搭理你，没时间回答你问题，不想再受打击。"小王赶紧安慰我："哥，不打击你了。我就想问你，你有时间吗？想请你吃个饭。"我长舒一口气，这还差不多。

那天，我们约在一家西餐厅。等餐的时候，他打开了笔记本电脑给我看了一张PPT，上面是他直到2025年的职业规划图！他的2025年的职业目标，是成为一家小型外企的总经理。而在那之前，他规划好了每一步，何时成为总监，何时成为副总。

这个职业规划让我感觉很震撼！小王是这么多年以来，我见过的最有进取心的年轻人！我相信他一定会成功。即使2025年他当不上总经理，也一定能成为在哪都闪光的人物。身为他曾经的导师，我很自豪。

我做培训和员工发展15年，有个深刻的体会：培训的所有理论和工具，不是对一般大众的研究，聚焦的都是优秀的人怎么做。然后把这些研究整合为概念和工具，推广给所有人。优秀的人，是标杆，是旗帜，是明灯，我们只需要借鉴、模仿和超越。而成功，绝非偶然。成功就是逐步地实现那些有价值的个人目标。就像优秀的小王每年做的那样。

如果你也想不断进步，在职场上脱颖而出，不妨考虑把下面的建议列入你的新年计划：

1. 岗位轮转

我的主业一直是培训。但这么多年来，除了关乎保密的薪

第二课 向前一步，直面未来的自己

资没有涉及，其他诸如招聘、员工关系、沟通等 HR 模块我都主动要求干过。如果不是最后选择专注于培训，我应该可以成为一名不错的人力资源总监。

如果短时间没法升迁，你可以考虑横向拓展，这是职场成长最有力的加速器。在那个打击我自尊心的小王的 2025 年职场路径图里，充满了这类横向拓展，这都是为最后的终极目标做铺垫。

2. 找个导师

师者，传道授业解惑也。找一个你们公司，或者朋友圈里，德高望重德艺双馨的人，膜拜他做导师。

读万卷书，不如行万里路；行万里路，不如阅人无数；阅人无数，不如仙人指路。经常有年轻人和我说："老师，我根本不知道自己要什么，该干什么。"其实有个简单的办法可以为你提供方向。环顾周围，找到和你做类似工作的牛人，他干啥，你就干啥好了。先模仿，然后再超越。

3. 在职学习

21 世纪是互联网 + 的时代，什么是职场最重要的思维？

成长思维。简单说，就是保持学习和成长的习惯，一辈子做学生。在完成日常工作的基础上，一定要寻找一些领域，不断提升自我，可以是学英语，可以是做 PPT，可以是演讲技巧，也可以去读个在职研究生，或者参加职业技能培训，或者考个证书。总之不能故步自封、原地踏步、庸庸碌碌。

关于成长，关于新年计划，我可以给的建议很多。而我

职场幸福课：把工作折腾成自己想要的样子

能给的最重要的建议，就是找到心中所爱，做你自己。不是人家要做总经理，你就一定把目标定为职场升迁；不是人家要学心理学，你就一定要考个二级咨询师证书；不是人家要跑马拉松，你就一定跟随去买套装备。

一个成熟的人，是孤独的，不合群的，不随大流的。他们有自己的主见和主张，不人云亦云，坚守自己的立场和梦想。正如完成火箭发射和回收的 SpaceX 公司的 CEO 马斯克一样。他致力于建造特斯拉电动汽车，比飞机还快的高铁，还要在火星上退休。独树一帜，追求自我，这才是独立和自由的人格。

一个人，如果现在不活在未来，未来就会活在过去。你要为自己的未来，做些什么！

十一、向前一步，滚动你人生的雪球

之前参加 *Inside Out Coaching* 培训，深入学习了 GROW 教练模型。随后给网友小金做了次教练，发现这个模型超级好用！

GROW 教练模型是解决问题的思维方式和流程技巧，交流时我们先确定对方要达成的目标（Goal），接着了解现状（Reality），之后探讨方案（Options），最后确定行动计划（Way Forward）。

我把这次教练分享出来，让朋友们体会一下 GROW 模型的威力，它几乎可以用来解决一切问题。

第二课　向前一步，直面未来的自己

Goal，目标

我：今天你要讨论什么话题？

金：我现在对职业定位很困惑，想确定自己到底喜欢哪个领域。我是做财务的，最近对职业咨询很感兴趣，不知道该如何选择。

我：具体来澄清下，通过这次谈话，你想达到什么目的？

金：我想定位自己喜欢的领域，也就是说要不要去做职业咨询，下一步该怎么行动。

Reality，现状

我：讲讲你现在的工作情况。

金：我毕业两年多，在一家上市公司做财务。在月底月初很忙，而月中比较空，我很困惑，不知道财务适合不适合自己。大学时读过一些咨询方面的书，对咨询很感兴趣。

我：你的老板对你评价如何？你对现在这份工作的满意度怎样？

金：我们科长应该挺欣赏我的，部门里我也是加薪次数最多的。但是财务是个重复性很强的工作，适合喜欢安稳的人我不太喜欢。

我：那你是怎么对职业咨询产生兴趣的？

金：上大学时读过这方面的书。我一直有个想法：在学生报考学校的时候，帮助他们做测评和指导，这样可以避免他们误入不喜欢的专业。后来又读了古典老师的《拆掉思维里的墙》，知道他的新精英做的就是职业咨询，对这个行业就更感

职场幸福课:把工作折腾成自己想要的样子

兴趣了。

Options,选择

我:我已经大致了解了你的状况,你做财务,而对职业咨询很感兴趣,想去做。目前,你自己的想法是什么?有哪些行动方案?

金:我想,第一是放弃财务的工作,去找咨询类的工作。但不太知道需要多长时间。

我:还有呢?

金:还有,就是一边做财务,一边去参加职业咨询的培训,利用业余时间去学习。

我:还有呢?

金:第三,我不知道自己适合不适合做咨询这个工作。

我:还有呢?

金:没有了。

我:好。谈到第一个方案,放弃财务做咨询,你提到"不太知道需要多长时间",这个多长时间指的是什么?

金:指的是我得花多长时间接受培训、学习相关知识,然后才能开始这方面的工作。

我:我的理解,是要花多久,才能拿咨询当饭碗,对吗?

金:对的,对的。

我:第二方案,一边做财务,一边学咨询,你的时间允许吗?

金:我的时间很空,下班就没事了。而且月中也不忙,可

第二课 向前一步，直面未来的自己

以去参加培训什么的。

我：第三个想法，不算方案，你不知道适合不适合咨询这个工作，那么你来告诉我，你怎么才能知道自己适合不适合这个工作呢？

金：那只有先学习和了解下，才知道适合不适合了。

我：所以，你无论选第一还是第二方案，都可以解决这个适合不适合的问题，对吧？

金：对的。

我：那说了这么多，你会选择哪个方案呢？

金：那当然选第二方案了，边做财务，边学习咨询知识。

我：要不要听听我的建议？

金：好啊。

我：你可以边做财务，边参加一个职业咨询方面的培训。第一，培训里会讲些测评的工具，这些工具会有助于你增强自我了解，看看适合不适合做咨询工作；第二，上课时你也可以跟老师和培训方了解下，进入这个行当得学习多长时间，多久能拿这个当饭碗。

金：对啊，这样就解决我全部困惑了。我跨出第一步，后面的情况就明了了。

Way Forward，行动计划

我：好的，那下一步，你要做什么？

金：我想先参加一个培训，不过我们当地没有这方面的培训。

职场幸福课：把工作折腾成自己想要的样子

我：北京、上海、广州会多一些。现在高铁这么方便，这不是问题吧？

金：对的，我可以去参加。

我：好了，因为我们是免费咨询，所以行动计划这块，我不想花时间和你讨论了，哈哈哈。你自己知道如何行动吧？

金：我知道，谢谢王老师。

结束的时候，我开玩笑说："小金，其实你完全知道自己该做什么，也很清楚哪个选项最佳，干吗还来做咨询？"

小金说："是啊，王老师，说着说着我也发现了，其实我很清楚自己该做什么。我一直以来就这样，心里很清楚该怎么做，但还是需要别人，比如您，来认可和肯定一下，我才有动力和勇气往前走。"

朋友们，如果你有耐心读到这里，我要和你分享一句极具含金量的话：获得成功最大的障碍，不是"不知道该做什么"，而是"不做我们该做的那些事儿"！

你知道有件事只有和老板好好谈谈才能解决，你也知道增加上台表现的次数会给你的职场加分，你还知道加入某个项目组有助于提升能力，可是，你就是不去做。这是为什么呢？

阿兰·凡在 Inside Out Coaching 培训里提到一个表现公式，可以回答这个问题。他认为：表现 = 能力 – 干扰。也就是说，一个人如果想有良好的表现，提升能力当然很重要，而更重要的，是减少干扰。干扰分外部干扰和内部干扰两种。外部干扰指环境因素，如经济滑坡、市场波动、组织机构变化，等等；

第二课　向前一步，直面未来的自己

内部干扰来自我们自身，如害怕、自我怀疑、焦虑、不自信、消极、抗拒变化等。

我大爱这个公式！绝大多数时候，我们不是没有能力做好某件事，而是内部干扰太多，阻碍了最大限度发挥能力。所以，我们要做的，往往不是提升能力，而是最大程度减少干扰。和各位分享减少干扰的最简单办法，那就是迈出第一步。成功很简单，只需要两步，第一步是开始，第二步是坚持。再完美的想法，迈不出第一步，也是空谈。

人生就像滚雪球。开始的时候，最费力。一旦它滚动起来，凭着惯性，就自己向前了。最初，雪球很小，但只要滚动起来，就会沾上更多的雪，越来越大，越来越大。滚动过程中，雪球被石头硌一下，被树木挡一下，可能会偏离原来的路线，但会看到不一样的风景。最要命的，就是让雪球停在原地。它不但不会变大，而且随着阳光的照射，还会越来越小，越来越小，直到化为乌有。

Facebook COO 谢丽尔·桑德伯格 2011 年在巴纳德女子学院演讲时说道："别让恐惧淹没欲望，让你所面对的障碍来自外部，而不是你的内心深处。"

你呢，现在最想干的是什么？来，迈出第一步，滚动你人生的雪球吧！

第三课
社交时代,别独自用餐

一、三种人际关系和六种思维模式

职场幸福模型的左边,是"人际关系"这个系统,这是我们和他人的关系。在职场,薪水低、发展空间受限和恶劣的人际关系,是员工离职的三大原因。人际关系不和谐,在职场不可能幸福。那么,职场包括哪些类型人际关系呢?

1. 运营关系

这种关系主要围绕你的工作内容和职位而建立,目的是满足日常工作运营的需要。

比如你和上级、同事、下属,还有客户、供应商等的关系。你对这种关系的主导和影响力较低,基本都是由你所服务的组织决定的。而且这种连接往往很脆弱,会随着工作的变化而失去。人走茶凉,说的就是这种关系。

2. 个人关系

这种关系一般由你主动建立,关乎你未来的成长和发展。它有可能从你的运营关系中衍生出来,比如你觉得有个同事德高望重，就找他做了导师。或者你加入了一些社群、训练营，结识了一些志同道合的伙伴。

我从 2016 年开始收学生，这些学生和我就是这种个人关系。他们有培训方面的问题、写作方面的困惑、发展方面的问题，都可以和我交流、向我请教。

个人关系往往需要你有意为之，用心经营的话，不会随着工作和职位变动而失去。

3. 战略关系

一般职场人士，都会忽略战略关系的建立。所谓战略关系，是指和那些未来有可能与你并肩战斗、互相推动、给你投资或提供平台的人，建立的互惠互利的关系。

比如学习成长圈子里的关系，就属于这种。我的鹏程管理学院要招生，秋叶会在他的朋友圈帮我宣传；而秋叶的 PPT 训练营纳新，我会不遗余力地写软文帮他推动。

战略关系，主要基于互相欣赏和互惠互利。这种关系，往往被认为是简单的利益交换。然而，越是自我盛行、强调个体的时代，战略关系越重要。没有哪个超级个体、超级 IP，可以仅凭一己之力脱颖而出，必须借助圈子、媒介、战略关系的力量。

运营关系、个人关系、战略关系，是职场人际关系的三种类型。那么，在人际交往中，都有哪些思维模式呢？什么样的思维模式，才对人际关系有益？

1. 赢输思维

赢输思维指在人际交往中，我要赢，你必须输。

职场幸福课：把工作折腾成自己想要的样子

我利用权力、地位、资格，实现自己想要的目的。我只关心如何征服别人，只有竞争，而没有合作。尽管在某些特定领域，比如体育竞技、选举、商业投标中适用这种思维，但在长期的人际交往中，赢输思维有害无益。每次都你赢，都是你占便宜，那谁还和你玩儿呢。

2. 输赢思维

输赢思维指在人际交往中，我输你赢。

我缺乏勇气主张自己的利益，隐藏情感，愿意做老好人，逆来顺受，常常被欺负。那些性格懦弱的人，或者特定角色的人，比如父母，可能会是这种思维模式。牺牲自己，成全他人或子女。

3. 双输思维

双输思维最低级，最可怕，我要是不好，你也别想好。

这种思维模式的人特别依赖他人，一旦对方转身离开，他就会采取极端手段，玉石俱焚，两败俱伤。

4. 独赢思维

独赢思维的人，很自私，我好就行，你好不好，我无所谓。这种人以自我为中心，不在乎他人好与坏。

5. 双赢思维

双赢，是我们所提倡的。在交往中，我在乎你的利益和需求，就像在乎我的一样。我宁愿合作，而不是竞争。你好，我好，大家好。大家好，才是真的好。

双赢需要人有很大的格局。格局主要包含两方面内容，一

第三课　社交时代，别独自用餐

小王：第一个问题，我也不知道现在去转行，是不是太晚了，王老师您有什么建议？

我：你工作多久了？

小王：2013年毕业。

我：那才5年啊，年轻着呢，按说一切都来得及。那你愿意探讨职业定位，还是探讨该提升什么能力？

小王：我好不容易来到现在的平台，还没想好要转行，还是探讨提升哪方面能力吧。

我：好，那我们就探讨该提升的能力，以后如果有机会的话，再聊职业定位。

2. 现状了解

我：小王，你现在主要负责什么工作？

小王：主要负责团委、党委，给领导写材料、党建工作等。

我：哦，那根据你自己的体会，认为做好这些工作，都需要哪些方面的能力？

小王：我觉得至少需要写作方面的能力，因为我要写东西。还有就是办事能力，我的工作要求我具有系统化思维、细心。再有就是捕捉热点的能力，也就是根据现在的热点，组织适合企业的、员工喜欢的活动。这该叫什么能力呢？策划能力？

我：你喜欢叫什么都可以啊，就叫策划能力好了。还有呢？

小王：还有就是人际交往能力，沟通、协调、组织等。

我：人际交往能力是做任何工作都必需的。还有呢？

职场幸福课：把工作折腾成自己想要的样子

小王：暂时就这么多了。

我：嗯，你提到了写作能力、办事能力、捕捉热点的策划能力，以及人际交往能力。你向谁汇报？

小王：就向领导啊。

我：具体是哪个领导？

小王：我们书记。

我：好，那你们书记，有没有和你聊过，尤其当你刚到这个岗位的时候，这个岗位需要什么能力？

小王：这个，没有。

我：从没有聊过？

小王：没有，就是工作中有时候会说"你要搞一些员工喜欢的活动"之类的话。

我：好。那有没有和同行，就是和你做同样性质工作的人聊过？

小王：这个很少。我们企业，和朋友单位比，在这方面算做得好的，所以没和别人有太多交流。

我：嗯，那想不想听下我的建议？

小王：好啊。

我：你说想聊聊在国企工作需要哪方面的能力，我其实并没有找到只适合国企的能力要求，有一个适合所有职场人士的可以分享下：第一是专业能力，干啥得会啥，比如做财务，得会财务的专业知识；第二是基本办公技能，写作、操作电脑软件等；第三是人际交往能力。

3. 方案选择

我：你谈到了工作需要的写作、办事、策划和人际交往能力。我们一个一个来看，写作方面，需要提升吗？

小王：写作应该不用。与作家比，我的写作能力当然有差距，不过在公司里面，能排在前面了。

我：那就是说工作够用了。办事能力呢？

小王：办事能力，我也还行吧。我挺细心的，也有条理性。

我：那谈谈策划能力。

小王：策划能力肯定是需要提升的。

我：人际交往能力呢？

小王：人际交往能力也需要。

到这里，时间大约过去了35分钟。我觉得这次教练可以收尾了，只要再聊一下怎么去提升策划能力和人际交往能力，制订出行动方案就圆满了。而事实是，我高兴得太早了。

4. 行动计划

我：好，那小王，我们目前已经确认，下一步需要提升的是策划能力和人际交往能力，实现了谈话开始前定的目标。现在我们继续探讨一下如何提升这两方面能力。

小王：策划能力随着时间推移，我觉得是可以提升的。人际交往能力，正是我比较彷徨的地方。我不知道是应该再去努力工作，还是要在人际关系上多下功夫。

我：那实际上，你不是不知道该提升哪方面核心能力，而是怀疑是否值得。同时在彷徨，是否该在人际交往能力上多投入精力。

职场幸福课：把工作折腾成自己想要的样子

小王：是的，这是我最彷徨的地方。

教练到这里，僵住了。我们谈话开始定的目标，就是找出要提升的能力。一路下来，我辛辛苦苦提问，小王清楚了他该提升什么。结果他却说，他最彷徨的是该在核心能力上多努力，还是在人际关系上多下功夫。也就是说，最初定的谈话目标，并不是他最想要的结果。一丝沮丧的念头在我脑海中滑过：开始制订谈话目标时，该多花点儿时间。但，一向积极的我，迅速悦纳了自己：首先，开始的时候我已经和小王反复确认了目标，并得到了他的肯定；其次，短时间内我不可能深入抓到他想要的东西；最后，也许在一开始他也不清楚呢，随着我们的对话深入，他才认识到了自己的彷徨所在。所以，我深呼吸了两次，继续来过。

我：小王，你是说随着时间的推移，你的核心能力会提高。

小王：是的。再说短时间内，我的工作也到不了让人惊艳的程度。

我：哦？惊艳，你的要求很高啊。那身边的人，有没有谁的工作，做到了让你惊艳的程度？

小王：有！我以前的领导，工作能力很强，让人感觉很惊艳。

我：很厉害啊。

小王：不过他情商不高，最后离开了。

我：哦，所以情商，或者我们所说的人际交往能力，还是很重要的。

第三课 社交时代，别独自用餐

小王：这我知道。

我：小王，在咱俩的谈话过程中，我注意到你说了几次"不知道是否值得"，能解释一下吗？

小王：我就是觉得，再傻傻提高能力努力做事，可能会不值得。

我：不值得？是曾经受到不公平待遇了，没有得到认可，还是怎样？

小王：就是别的人，好像没有我这么努力，工作也没什么特别成绩，却获得了和我一样的平台和机会。

我：哦，了解。既然他们没你那么努力，那他们是怎么获得和你一样的平台和机会的呢？

小王：他们更擅长处理人际关系吧。

我：你所说的擅长指的是？

小王：比如他们善于经营，和重要部门经理的关系都很好。还爱表现，有时候很让人受不了。

我：哈哈哈。这些你能做到吗？

小王：我做不到。可能是性格的原因吧，我不太喜欢这样做。

我：做不到对上面阿谀奉承，对下面颐指气使？

小王：是的。

我：这就是你的彷徨之处了。是注重专业能力，还是注重人际关系。

小王：是的，王老师。你觉得我是不是给自己的性格贴了标签，就是认为自己不擅长人际交往？

93

职场幸福课：把工作折腾成自己想要的样子

我：小王，你不是贴了一个标签，而是贴了两个。第一个标签是关于自己的，觉得自己的性格不擅长处理人际关系。第二个标签是关于人际交往能力的，觉得人际交往就是你看到的那样——善钻营，爱表现。

小王：你的意思是？

我：我的意思是，专业能力和人际关系，不是非此即彼的选择题，它们是共生的，都需要。再者，人际关系是个中性词，不是你眼中的"善钻营，爱表现"。我试着改一下，可以说成"善经营，爱展现"。

小王：我好像懂了。

我：嗯，我们需要经营人际关系。但这种经营不一定通过趋炎附势这种方式来进行，可以是尊重，可以是在别人有需要的时候，鼎力支持。我们也需要展现自己的成绩，但不是我们东北话讲得很"得瑟"地去表现。

小王：我就怕展现展现着，就变成自己不喜欢的表现了。

我：以你自己描述的情况看，你都还没开始展现呢，用不着担心过犹不及成爱表现。

接着，我和小王简短分享了自己在经营人际关系和展现工作成绩方面的两个例子。

小王：王老师，我明白了，就是找到自己的方式，去改善人际关系，达到想要的结果。

我：是的，找到你自己能接受的方式，不卑不亢。

小王：我懂了。

我：那还彷徨吗？是该更注重专业能力，还是更注重人际关系？

小王：不彷徨了。

我：好，我们已经聊了一个小时了，先到这里吧。找到适合自己的方式，能力和关系，都重要，不是选择题。

谈话结束后，小王发过来一句话：谢谢王老师，今天收获很多。

教练感悟：

1. 我们常常给"人际关系"贴了负面的标签。人际关系，是个中性词，不是负面的巴结、逢迎，不是没下限。

2. 能力和关系，无法取舍，分不清孰轻孰重。

教练过程中，小王问道："王老师，你说职场是不是就是不公平的？"这让我觉得在他心中，有一些不平衡感。时间关系，我没有和他深入探讨。

在这里，想多说一句：别太多关注别人怎么样。你觉得别人没有付出和你同样的努力，却得到了和你一样的机会和平台。这只是你觉得，你的看法。没准儿，别人也在这样想你呢。

职场成功的关键在于，少关注别人，重要的是找到自己的目标。然后，设计路径，付诸行动，义无反顾地去追求。

三、你不够优秀，认识谁都没用

翔是个特别优秀的小伙子，积极而上进。他毕业两年，在

职场幸福课：把工作折腾成自己想要的样子

一家银行有份稳定且收入不错的工作。业余时间，他还和几个小伙子合作经营着一家公司，做在线产品。他找我聊，是因为在工作和创业之间难以取舍。不知道该专心工作，还是该辞职全心创业，最好鱼和熊掌能够兼得。

聊了一个来小时，谈话快结束时，翔在电话那头儿突然问："王老师，你说怎么才能找到风投公司的大佬呢？"我好奇地问："你想找风投干什么？"翔说脑子里有一个点子，自认为特别好，想找风投投资。我肯定地回答："朋友，想找风投其实不难。不过先听我讲个故事，一个女生结识罗振宇的故事。"

2015年8月19日，中国传媒大学大二的学生梁境心，在朋友圈发消息隔空喊话罗振宇，说想见他。该消息迅速在朋友圈传播。罗振宇知晓后，可能出于好奇，答复说，只要他朋友圈有20人把梁同学要见他的信息发给他，他就见梁同学。在大家的帮助下，仅仅25分钟后，就有20个罗振宇的朋友，把这条消息转发给了他。所以，无论是出于炒作的目的，还是一时好奇，总之，梁同学可以见到罗振宇了。

讲完这个故事，我补充说："这是个极好的例子。在互联网时代，人们之间的边界感越来越弱，你想见谁，理论上都有办法见到。"翔将信将疑："那我也能见到某个风投大佬？"我笑道，"我只是举个例子。找风投大佬的渠道很多，可以隔空喊话，也可以关注这个人的行程，去某个地方守株待兔。"我接着说："重点不是如何见到风投大佬，重点是你用什么引起他的兴趣，怎么说服他接纳你的点子，从而投资你的项目。"

上面提到的梁同学，最后确实见到了罗振宇。可是最终，这件事变成了一个噱头。后来就没了下文。人际关系的本质，是价值交换。要么交换的是物质，要么交换的是精神。所以，他应该考虑的，不是怎么才能见到风投大佬，而是自己的点子是不是足够好，能否和风投公司进行价值交换。如果点子特别棒，足够有吸引力，会有很多的投资公司对他进行投资。

如今社会，只要项目足够耀眼，谁也遮蔽不了你的光芒。与其讨论如何接近高手，不如修炼内功，提升自我价值。你不够优秀，认识谁都没用。你足够优秀，谁都会认识你。

四、职场江湖，原则当道

朋友给我讲了一个故事。

某知名互联网公司，为某个项目开庆功宴。高管 A 君带着手下的一个技术人员小 B 出席。席间，A 君注意到小 B 用的是个特别破的手机，就说你咋不换个好手机。小 B 说还房贷压力太大，舍不得换好的。A 君说一会儿咱有个抽奖活动，奖品是两部最新款 iPhone，希望你能中。小 B 说我也真的想中啊！

庆功宴到了高潮环节——幸运抽奖。工作人员给每人发了张纸条，大家各自写上名字，然后将纸条放进抽奖箱。A 君没写自己的那张。高管一般即使中奖，按照惯例也得把中奖名额

职场幸福课：把工作折腾成自己想要的样子

让给员工，他索性就放弃了机会。

作为高管，A君被请到台上做抽奖嘉宾。他把手伸到箱子里，搅和了几下，心里默念着小B的名字，抓出了一张。主持人宣布结果：真的是小B！

小B欢天喜地跑上台，紧紧握住A君的手表示感谢。然后站在一旁，等着领奖。

A君继续抽第二个iPhone。他把手伸到箱子里，搅和了几下，在大家的注视下，抓出了一张。主持人接过奖券，愣了一下，犹疑地宣布结果：竟然还是小B！全场轰动！A君也怔在那里，转头望向小B。

小B的脸，通红通红。他站在台上，手足无措。原来，中奖心切的他，把A君那张没写的奖券，也写上了自己的名字，投进了抽奖箱。他无法相信，一百多张奖券，他竟然被连续抽中两次！这是什么样的概率啊！

这次抽奖风波过后，小B在公司声名狼藉。君子爱财，取之有道。

在我的"职场幸福课"里，第一个模块讲"思维模式"，这是我们职场能否幸福的基石。思维模式，就是我们看待、理解、诠释这个世界的方式。它决定着我们的行为，而相应的行为，会带来相应的结果。因为家庭环境、受教育程度、社会环境、人生经历、基因等因素的影响，人们的思维模式各有不同。但是，在百花齐放，姹紫嫣红的世界里，有一个共同的标准主宰着这座思维模式的花园。你可以独树一帜，可以头角峥

第三课　社交时代，别独自用餐

嵘，可以奇思妙想，但思维必须符合基本的原则。比如公平、正义、诚实、勤奋、尊重、爱，等等。

我在第二家公司工作的时候，负责员工培训。一家培训公司的销售人员找到我，说下个月要开一个公开课，请我帮忙派几个学员。年初做培训计划的时候，我把这个课程做进去了，打算派几个人去，我的老板也批准了。所以我毫不犹豫地答应对方，我可以派5个人过去。我和老板汇报后，老板也同意了。不幸的是，我刚答应完人家，因为经营状况不佳，公司决定削减费用，所有培训支出都要叫停。这让我非常犯难。因为合作多年，那个销售和我私人关系很好，他在冲业绩，十分看重这5个名额。我跟他一说培训支出叫停，派不了人了，他赶紧和我协商。说你年初有计划啊，现在一定要帮忙，你可以先派人来，培训费用哪怕年底付也可以。

我心慈面软，碍于情面，就答应了。没想到这一次心软，把我自己害了。其中一个学员，培训回来和我老板，也就是HR聊天时，反馈说你们安排的这个培训还不错，我们受益良多。我老板说现在培训都停了啊，那个学员说是王鹏程安排我们去的啊，一共5个人。结果，老板把我叫进办公室，问怎么回事。

唉，可想而知我当时的样子，磕磕巴巴语无伦次地解释，浑身针扎般不自在，满脸通红，满头都是汗。幸好，老板没怎么批评我。她只说："我理解，你是因为太善良，不会拒绝别人，才会这样做。但你应该记住，诚信、诚实，在职场非常重要。如果你做了有违诚信的事，让别人还怎么相信你？"

那次事件，结结实实给我上了一课：诚信，是基本原则。

五、你若没有底线，别人就会践踏

一个学员发来微信说："王老师，我喝酒过敏，一喝就全身通红。面对各种推不掉的饭局，我很恐惧。不喝吧，感觉没意思，不给别人面子似的。喝吧，自己全身过敏，很难受。进退两难啊。我该怎么办？"

我的十五年职场生涯，很少因为喝酒苦恼。因为酒量自诩还可以，所以对这个问题没有感同身受。我只遇到过两个酒量不好，但相当有原则的人。

一个是老赵，和我做过五年同事。五年间，我们喝过很多次酒，他说自己就两瓶啤酒的量。喝啤酒都是人手一瓶，谁也不给谁倒。超过两瓶，无论你怎么软磨硬泡，软硬兼施，老赵就是不再喝。我好几次喝醉，而老赵，从未醉过。

另一个是在云南认识的一个叫 Leo 的朋友。晚上聚餐，酒店自酿的梅子酒上来，男生女生各自倒满，我们问他："来一杯不？"Leo 说："我喝酒过敏，一喝就浑身通红。"我们力劝："来点儿吧！"Leo 说："好的，盛情难却，但我的原则是，只喝一杯。"

一杯酒喝完，Leo 满脸通红。我们继续推杯换盏，但没人再给 Leo 倒。因为之前，他说过原则：只喝一杯。所以，我

第三课　社交时代，别独自用餐

认为，开头儿提到那位左右为难的朋友，是因为没有原则。喝与不喝，连你自己都在两可之间，那别人自然不会在意你的感受。你坚持原则，别人就会尊重；你没有原则，别人就会践踏。

想起自己在职场的一个经历。

2005年，我刚加入一家法国公司两个月，还在试用期。我很积极地做事，想博得我老板的欣赏。但由于一些原因，我最初的工作，并没有得到她的认可。

每当这时，性格特别强势的老板，都会把我叫到办公室劈头盖脸地训斥："Winter（我的英文名），这事儿你怎么能这么干呢，你长脑子了吗？"我一般会挠挠脑袋，委屈地说："老板，我长了啊。"老板不依不饶，接着训斥："长了？长脑子你怎么会这么干！"

几次下来，对自尊心无比之强的我，造成了沉重的打击和深深的伤害。那段时间，我几次想辞职。思来想去，我还是决定找老板谈一谈。当时我是那家世界五百强公司最年轻的主管，这样放弃太可惜了。

一天早上，我鼓足勇气，敲开了老板办公室的门，坐在老板办公桌前面的椅子上，怯怯地说："老板，我想跟您谈一谈。"老板有些惊诧："你想谈什么？"开了头儿，我心里不再那么忐忑，说："老板，我想谈一下咱俩对待彼此的方式。"

"对待彼此的方式？"老板不解地问。我解释说："是的，老板。您看我来了两个多月了，一直努力地工作，但有几件

职场幸福课：把工作折腾成自己想要的样子

事，并没有达到您的期望。每次您都会批评我，说'没长脑子啊'这类的话，这些话让我很难受。""Winter，我这样说你，不是针对你哈。我对其他人，也都是这样。我是觉得男生脸皮厚些，不会太在意。"老板耐心解释。

我赶紧说："是的，老板，我知道您不是仅仅针对我。可我自尊心很强，真的有些受不了。您看，以后您能不能调整一下对我的方式。我做错事，您可以批评，我一定虚心接受。但您的方式，能不能委婉一点儿？"老板微微一笑道："没想到你这么大个小伙子自尊心还这么强。我试试，但我不敢保证。"我受宠若惊地说："行，行，您愿意试就行。"

那次谈话后，直到五年后我离开那家公司，我的老板，再也没像之前那样批评过我。我们之间，建立了良好的上下级关系。那次谈话两年半后，我被提升为经理，成为那家世界五百强公司最年轻的经理人。

这就是人际交往的秘诀：你坚持原则，别人就会尊重；你没有原则，别人就会践踏。问题就在于，你内心深处，有没有原则。原则清楚了，一切都迎刃而解；原则模糊，就会挣扎纠结。

六、做生活的"旁观者"

一个周末，我带女儿在金鸡湖边的草坪上玩耍，两对青年男女在旁边放风筝，风筝挂在了树上。两个小伙子开始满地找

第三课 社交时代,别独自用餐

小石头,想把风筝打下来,两个姑娘又跳又叫地加油。可是挂得太紧,怎么也打不下来。其中一小伙子急了,上前拍了拍树干,倒退几步运了运气,紧跑几步蹬上树干,双手合抱住直径约20厘米的树,想爬上去。可树干太滑,他爬半米都没到就掉下来了。他女朋友赶紧上来问候。另外一个小伙子哈哈坏笑了一会儿,再也没有了耐心,使劲儿拽了下风筝线,试图扯下来。风筝挂着的那段树枝随着力量开始弯曲,然后噗的一声,线断了,几片树叶被扯落掉在地上。这下没辙了,四个人围在树下,无奈地仰望着那断了线的风筝。

这时候,我看看树上的风筝和树下的两对青年男女,然后环顾四周,想帮助他们找找能够到风筝的东西。也巧了,视野所及,有三个清洁工人在草地边上歇着,每个人旁边躺着个长杆子——杆子有近三米长,杆头上连个刷子,应该是用来刷湖边石墙上的水藻的。我上前拍了那个小伙子说:你去借下那个杆子,试试怎么样?

杆子加上小伙子身高有近五米,捅了两下,风筝就下来了!

这两对青年男女,一直把焦点集中在树上,就跟树较劲,没有想到把视野打开,以更广阔的视角来寻求解决办法。最后,把风筝拽断了线。而我们这些旁观者,就可以把问题看得更深入,看得更明白,找到解决问题最恰当的方案。

你有过这样的经历吗?

当局者迷,情绪一激动,说出了不该说的话;头脑一冲

职场幸福课：把工作折腾成自己想要的样子

动，做出了不该有的行为。不但没有达到自己要的结果，还破坏了和对方的关系，事后追悔莫及。其实，作为当局者，我们也是可以如旁观者一样思考的，可以更全面、更客观、更冷静地分析，从而采取最合适的手段，拿到想要的结果。

人类有两种十分宝贵的天赋：自我意识和想象力。

自我意识就是我们能意识到自己在干什么，比如我知道自己现在在打字，你也知道自己在读我的著作。想象力可以让我们预见某种行为的结果，尽管行为还没有发生。比如，我能预测，随手把外套扔在沙发上，老婆看见准会唠叨。

有了这两大天赋，当事人就可以从行为本身里抽离出来，如旁观者一样，观察整个情境，审视自己和其他当事人的行为。同时能够预测，我这样干，对方可能怎么反应，为了达到我想要的结果，我最好采取怎样的行为。

有次给一个网友做教练，她要找老板申请转岗但缺少点儿勇气，也不知道该怎样表达。我说你想象下正和老板谈话，她会怎么答复你。网友说有三种可能：1. 让我在原部门再做段时间；2. 说知道了，要考虑一下？3. 同意我的请求，要和我主管打个招呼。

我问那针对三种答复，你接下来要怎么说呢？在我的询问下，她依次给出了应对方式。

最后我总结："其实今天我们不用做这个教练的，你只要如同一架摄像机，像一个局外人一样，想象出和老板交流的场景，以及会发生的各种可能，你自然会想象出对策。"

第三课　社交时代，别独自用餐

人真的很有意思，我们走着，我们吃着，我们做着，而这一切，自我意识都能明了，都能意识到。而行为产生的后果，想象力也能帮我们预测。当局者迷，旁观者清。不妨常常运用下这两种天赋，身处迷局时，让我们做一个"旁观者"。那样的话，我们的行为一定更理性，决策一定更英明。

七、友谊的小船儿，为什么说翻就翻

我的一名学员，在微信里求助："王老师，朋友借钱不还怎么办？"我回复："说来听听吧。"学员说："单位一个哥们儿，前年他母亲住院，朝我借了一万块钱。到现在也没还，我提了几次，他都说没钱。看到他有钱抽烟有钱喝酒的样子，我挺气的。"我问道："那还有其他办法可以让你要回这笔钱吗？"学员说："目前看，没有了。平时工作，我还需要他帮我，没有办法翻脸。"我说："那就接受吧，就当认清了他的真面目。"学员说："接受什么？"我说："接受他欠钱不还，你又不能得罪他的事实。就当这件事情没有发生过，他能还最好，不还拉倒。"

生活的智慧就在于：改变那些你能改变的，接纳那些你不能改变的。否则，怎么办呢？

那话说回来，朋友之间可以借钱吗？有人说，朋友之间最好不要借钱，一旦沾上钱，友谊的小船儿说翻就翻啊。朋友之间，当然可以借钱！患难朋友，才是真正的朋友！金钱

职场幸福课：把工作折腾成自己想要的样子

是友谊最好的试金石。雪中送炭，仗义相助，必然会升华友谊。

记得当年买房缴首付款时，向当时的经理借过6000块钱；有一年想换台电视，朝朋友借了几千块钱。到现在，当年的经理，我们还保持着联系，他当时用一个牛皮纸信封把钱递给我，我依然记得那个信封的颜色和质地；借给我钱换电视的朋友，现在依然是我最好的朋友之一。

朋友和朋友之间，不就是这样嘛，谁都可能有紧急情况，有能力一定要帮忙啊。否则要朋友干吗？平日里觥筹交错吃吃喝喝，有难时四散而去不见踪影，这不叫朋友。

不过，朋友之间，借钱要遵循一些原则。

债务人

原则一：最好朝银行借；非朝朋友借的话，也要付利息。

如果有可能，就朝银行借，虽然要支付利息。朝朋友借，虽然大部分时候都不用付利息，但是要搭人情。早晚都要还的，本质上和银行的利息并无区别。一个人成熟的最高境界，就是不麻烦别人。

原则二：只找最好的朋友借。

据说有个人做过这样一个实验。

他有九个朋友，他们之间从来没有金钱上的借贷关系。大伙儿经常在一起吃饭、喝茶、泡吧，属于纯粹意义上的朋友。以他们的经济实力借个几千块肯定是没问题的。他给每人发了一条内容差不多的短信："我现在遇到点麻烦，需要问你借 x

第三课　社交时代，别独自用餐

千块钱，一个月之内归还。如果行的话就给我打电话，不行的话就发个信息，也不要紧。我等你答复。"最后七个人发来信息，以各种理由拒绝了他。只有两个人打来电话，说卡号发来，立刻转给你。做实验这家伙苦笑："原来我只有两个真正的朋友。"

看到这个实验，我也禁不住苦笑：这人情商也太低了吧。谁可能会借给你钱，谁可能会拒绝你，还用实验吗？人与人之间，有一个情感账户，里面存的是信任。好朋友间平时互动密切，账户里余额充足，更可能在危难时伸出援手。而大部分关系，都是泛泛之交，最好免开尊口。

原则三：遵守诺言。

说什么时候还，就什么时候还。到时候实在还不上，一定诚恳说明理由，请朋友宽限。言而无信，是非常伤害朋友感情的行为。不管之前的友谊多深厚，都伤不起。

我曾经有个很好的朋友，朝我借钱之后，答应在某个时间还，但到了时间音讯全无。在我踌躇很久打电话催问后，他又说了个时间，但到了那个日期，他还是没还。反复几次，虽然最后他把钱还了，可我们的关系，彻底疏远了，友谊的船真的翻了。

债权人

原则一：你可以拒绝。

对于你觉得不合适的理由，你可以拒绝。比如对方拿钱去做有风险的事。一般来说，如果你借钱给朋友做有风险的事，

职场幸福课：把工作折腾成自己想要的样子

那这钱无法收回的可能性会很高。还有一种情况要审慎，如果朋友A是帮他的朋友B借，你最好就别借了。因为A很可能以B还不上钱为由，不还你钱。除非A是你特别好的，特别靠谱的，即使B还不上，他也有能力还上的朋友。

有个学员问我："一个朋友，经常借钱不还，有什么解决的办法？"我回答："活该啊，谁让你不拒绝啊。他经常借钱不还，还好意思借，你竟然不好意思不借。"

我们屡屡受伤害，是因为我们允许对方伤害。

原则二：小额借款，做好收不回的准备。

如果双方情感账户里余额充足，那么提供小额借款，同时做好收不回的准备。也就是说，关系到了，即使这钱将来他不还你，你也会借给他。

原则三：大额借款，一定要写字据。

对于大额借款，一定要写借据，不要磨不开面子。他都抹开面子朝你借这么多钱了，你有啥不好意思立字据的。朋友如此，那亲戚之间借钱也要立字据吗？参考原则二，可以不立字据。关系到了，即使这钱将来不还你，你依然会借，否则就立字据。白纸黑字，避免后面的纷争。

隋朝的王通，在《文中子·礼乐》里写道："以利相交，利尽则散；以势相交，势去则倾；以权相交，权失则弃；以情相交，情逝人伤；唯以心相交，淡泊明志，友不失矣。"

朋友到能交心的地步，是可以相互借钱的。只要遵守以上原则，友谊的小船儿就会升华为巨轮。

第三课 社交时代，别独自用餐

八、价值对等，从上堆到下切

每一个热点事件，都不会喧嚣太长时间。一个新闻总会被另一个新闻所代替。

所谓的"上堆下切"，是沟通的两种表达方式。上堆，是指脱离具体事件，向上拔高，上纲上线，看到当下事件背后的深层意义，看到更大、更宽、更高的价值。而下切是抓住一点深究细问，以便缩小范围，直指问题的核心。

从沟通角度看，上堆是让谈话的内容更加开阔与丰富，下切则是看到问题更细致的层面。上堆是趋向精神、信念和价值观；下切是涉及能力、行为和环境。当人们不了解事情真相，或者事情距离自己比较远时，很容易脱离具体事件而上堆，把事件的性质泛化到更高的层面。

例如前段时间那个扇顺丰快递小哥耳光的人，被人肉，被谴责。他的行为，反映出骨子里对社会底层和基层工作的歧视。

当一件事情被上堆到更高层面时，就必须用同等，甚至更高的层面来回应，而不能再下切回到具体事件。

顺丰总裁的反应就是这样。基层员工被打，无论顺丰的员工，还是好事的群众，都在翘首观望顺丰的表态，而知悉情况的王卫，立刻公开声明："我王卫向所有的朋友声明！如果我这事不追究到底，我不再配做顺丰总裁！"匡扶正义，扶助弱小，这都是人们钦佩和珍视的价值观！谁不给这样的老板点

职场幸福课：把工作折腾成自己想要的样子

赞！这再次触动人们的心弦，唤起人们的情感共鸣。每一个凭借自己的努力获取报酬的人，都值得被尊重。工作不分贵贱！

这就是用上堆，对上堆。

网上经常看到一些人和一些公司出了问题或者负面消息时，频频发出来的无效公关。这种情况下，所有的解释，如果只局限于具体事件，都是徒劳的。用下切这种低层次的方式，去应对上堆上去的价值，驴唇不对马嘴。

1000个观众眼里，有1000个哈姆雷特，你百口莫辩。你用任何理由解释，试图翻转，都会招致下一轮的攻击。最好的应对方式，就是真诚道歉。道歉，尤其是对公众道歉，需要极大的勇气。承认错误，承担责任，谁还能进一步骂你呢？

所谓的情商高，就是要用对等的方式，在对等的层面上交流。用下切，低层次的具体细节，对上堆，高层次的价值诉求，必败无疑。

说了这么多，你或许会问："王老师，你又堆又切的，忙活半天，和我有什么关系呢？"

用下切对上堆，结局就是被切掉，孤独终老。

讲个故事。

电影院门前，女生久候男朋友不至。电影即将开演，小伙子才满头大汗而来。

女生小嘴一噘，俏脸含霜，甩开小伙子伸过来的手，质问说："你怎么又迟到了！"

小伙子呼哧带喘，回应说："至于生气吗？我和朋友们打

第三课 社交时代,别独自用餐

牌来着,打完一轮,非得拽着我再打一轮。不就晚了一会儿嘛,这电影不没开演呢吗?"

女生闻听此言,面沉似水:"就晚了一会儿?你看你,哪次见面你不迟到?每次你都迟到!"(注意:已经开始上堆,把偶然事件升华为每次都如此了。)

小伙子还理直气壮地辩论:"什么每次都迟到?昨天咱俩吃饭,我迟到了吗?"(还在下切呢!你跟女生讲道理、辩论,等于自讨苦吃!)

女生急了,狠狠一跺脚,哼了一声说道:"你就是每次都迟到,每次都迟到!在你心里,我就是没你那些朋友重要!"(注意:上堆到更高层次了。)

说完,转身跑了,不和这个小伙子看电影了。

小伙子一头雾水,愣半天,心里还琢磨:"这女人真是不可理喻啊。"

用下切,对上堆,就是这个结局。

我们换个高情商男朋友,再看看这个故事。

女生俏脸含威,刚要发飙,小伙子嘴里不迭声地说:"对不起,对不起亲爱的,让你久等了。"

小伙子虽然道歉了,女生还是很生气,质问说:"你怎么又迟到了?"

小伙子解释说:"还不是那几个小子,非拉我打牌。我勉强陪着打了两局,他们还拉我玩,我说坚决不打了,还得陪我女朋友去呢!"

职场幸福课：把工作折腾成自己想要的样子

女生一听，稍稍释然，埋怨说："还知道要陪我啊？！你最近怎么总是迟到？"（开始上堆了！）

"是的，是的，亲爱的，我最近表现不好。对不起，对不起。下不为例！"男生根本不解释，不辩论，老老实实接受批评。

"哼，你少来！我看在你心里，那帮朋友就是比我重要。"女生看其认错态度良好，也不忍发飙了。但依然上纲上线，把问题上堆到我和你朋友掉水里，你会先救谁的高度。

"怎么可能？亲爱的，你还不知道，你在我心目中的地位，第一重要。你是我的玫瑰，你是我的花啊，你是我心中，最美的牵挂啊！"（拔高，拔高，再拔高，用上堆对上堆啊！）

说完拉着女生说："走，别生气了哈，给你买爆米花去。"

烟消云散，雨过天晴！

九、福杯满溢，自爱爱人

读者欢颜给我发来长长的微信，诉说她的家庭烦恼，希望我能支招，微信中这样描述：

我家在农村，父母年龄很大。我有一个大我十岁的哥哥，从小就不独立。我大三那年，哥哥因为赌博，欠下几十万的债，嫂子也和他离了婚。我爸靠着干苦力帮哥哥还钱，可哥哥并不悔改，依然好吃懒做。

工作这半年，我给了家里15000块钱。我心里清楚，那几十万也得我还。今晚我憋得特别难受，在外面自己待着。我难受的是我爸的教育方式，他害了我哥，也害得我到现在都不能为自己而活。

坦白讲我真的没有责任和义务替哥哥还钱，可是我爸妈总是给我压力，戳得我心生疼生疼的。我这半年工作特别辛苦，周末还做家教，可我妈从来没有关心过我在外面受了多少委屈。我真想骂我爸妈活该，可看到我爸那个样子，我又心疼得像利剑穿心一般。

哥哥是真的没救了，我这辈子也要搭上吗？

请王老师指条路吧，我不怕辛苦，可过不了心里这一关。甚至有种冲动，攒够十万块钱，然后和家里绝交。这样的家，不要，也罢。

欢颜在工作之初，遇到职业上的困惑，我曾给过建议。而这次，故事太虐心，我一直没给她回复，我不知从何处着笔。欢颜深陷取悦模式、付出感之中，唯有明确的界限感和福杯满溢思维，才能让她挣脱牢笼，好过一些。

取悦模式

取悦模式，是我最近在翻译的一本书中碰到的词语，令我豁然开朗，看透很多问题。

从婴儿到青少年，多年来对他人的依赖，影响了我们思维的形成。为了获取所需（或者我们认为所需的）得以生存，我们总要取悦他人。有兄弟姐妹的同学，生在物质贫乏地区或时代的人，成长于艰苦环境的人，一定可以感同身受。

职场幸福课：把工作折腾成自己想要的样子

我们不得不察言观色取悦权威，才能得到我们所需。取悦，即获得认同的动机，是习得的思维过程，建立在对过去经验的记忆，和对未来结果的期望或恐惧之上。取悦模式，就是把自己的幸福，依附在他人身上。别人高兴，我才会高兴；别人舒服，我才会舒服；别人幸福，我才会幸福。

这种思维模式，经由早年经历形成，印在DNA中，很难打破。欢颜就是这样。她替哥哥还债，是出于父母的期待。她认为自己出力，父母才会认同她；父母好过，她才能舒服。

有天和我大姐吃饭，谈到我外甥女的婚事。外甥女老大不小了，大姐很为她的婚事着急。我说："人家已经成年了，找不找对象，结不结婚，都是自己的事，你何必催她？"姐姐说："那怎么行？这么大了不找对象，别人怎么看，别人会说闲话的。"

看到取悦模式的根深蒂固和可怕之处了吧。如今的父母逼婚，竟然很大程度上，是担心别人说闲话。我孩子结不结婚，与别人无关。可是，不行，我们深深被取悦模式所困，期望得到他人的认同。

为父母的心愿选择职业的人，为父母的要求而照顾兄弟姐妹的人，为配偶的事业放弃自己生活的人，都是为别人活着，从未真正做自己。

这都是内心里，那深深铭刻的取悦模式在作祟。

付出感

早晨上班坐地铁，你给一个老人家让座。老人连声道谢，

第三课 社交时代，别独自用餐

会让你觉得很舒服。而如果老人心安理得理所当然一屁股坐下，谢也不谢，就会让你暗暗不爽。

取悦模式导致我们为别人的期望而付出，如果付出后，对方并没有感恩戴德，我们不免委屈失落。这就是付出感在作祟，它往往与取悦模式共生。我为你付出了这么多，你竟然视而不见，你的良心，都被狗吃了。欢颜就是这样。"我在外面辛苦工作，周末还做家教，妈妈从来没有关心过我受的委屈。"

加班很晚回到家，面对唠唠叨叨的老婆，老公说："我为这个家付出这么多，你竟然不理解！"孩子不好好学习，妈妈说："我为接送你上学辞了职，你竟然不好好学习，你对得起谁？"自认为对家庭付出最多的孩子，对一碗水无法端平的父母说："我对这个家做得还不够多吗？你还是最不喜欢我！"

当付出得不到回报时，人们就会觉得委屈。这就是付出感在作祟。

既然取悦模式已深入骨髓，而取悦不成就会委屈，深受付出感折磨。那怎么解决呢？用界限感，对抗取悦模式；用福杯满溢思维，消解付出感。

界限感

取悦模式，本质上是情感依赖，期望获得认同，将幸福依附在他人之上。无休止地满足父母的期望，是取悦；逼着儿女结婚，将自己的幸福依附在儿女身上，也是取悦。对抗取悦模式的最佳方式，是情感上的独立，心理上的界限感：我爱你们，但有界限。

我们长大之时，不仅身体上要断奶，情感上也要断乳：我长大了，我的幸福依赖自己。无须取悦他人，不要别人认可，不依附在任何他人的幸福之上。不是你们幸福了，我才幸福，我才敢幸福。我的幸福，只有自己能定义和做主。

亲情关系，无论和父母，还是跟兄弟姐妹，有时需要做一点点抽离，也就是以旁观者的角度，看待你和他们的关系。你会发现，他们都是普通人，有着各式各样的劣习和品性，平凡如芸芸众生。而每个成年人，都有选择的权利。同时，也要为自己的选择买单。界限感就是：我的生活我自己做主，你的人生，我不会负责。

福杯满溢

最近网上有篇流传很广的文章，叫《付出感才是谋杀人类情感的首要元凶》，网友们疯转里面的一段话："关系中最棒的心态是，我的一切付出都是一场心甘情愿，我对此绝口不提。你若投桃报李，我会十分感激。你若无动于衷，我也不灰心丧气。直到有一天我不愿再这般爱你，那就让我们一别两宽，各生欢喜。"

这段话很棒，但只是心灵鸡汤。因为它宣扬的，是无条件地爱。人们对他人好，无论对方是谁，都会有期待。真能做到无期许，无条件地爱的会有多少人呢？

对付付出感，最佳的方式不是无条件地爱，而是：福杯满溢。

关于这个词，我的理解是：自爱和爱人，如同两个杯子，自己的杯子，尚且不满，还要再把爱倒去另一个杯子爱别人，就会心生委屈，觉得亏欠了自己。最佳的方式是，自爱的杯子，已经满了，盈余富足，再把多余的爱，倒去另一个杯子，爱别人。

爱，不是亏欠自己。而是自爱有余，满溢出来，再爱别人。

所以，想建议欢颜，以及所有受取悦模式和付出感控制、为亲情所困的朋友：建立明确的界限感，我有我的生活，无法为你负责。无论这个你，是父母，还是兄弟姐妹。先过好自己，有了余力，再分一点点，去爱他人。这样，才不会委屈。

十、别让情绪控制了你的人生

我家楼下有两家蛋糕店。某个周六早晨，还在睡梦中的我被一阵急促的汽车喇叭声吵醒。我蹙着眉头，挣扎起床，打开窗，探身出去看个究竟。

由于小区车位紧张，每天都有人把车停在临街的马路边上、店铺前面。现在，一辆福克斯的前门开着，它的主人左手扶在车门上，探身进去，用右手狂按着喇叭。原来，在路边停的这排车外侧，更靠近马路中央的位置，又停了一辆桑塔纳，桑塔纳正好挡住了福克斯的出路。其中一家蛋糕店的老板，出来骂了类似的话："我停车卸点儿东西就走，你按什么按，你有病啊？"福克斯的司机闻言，一把甩上车门，立刻回击："有

职场幸福课：把工作折腾成自己想要的样子

你这么停车的吗？你还有理了啊，什么素质啊！"蛋糕哥凑上前："谁没素质？谁没素质？你有素质你一直按喇叭！信不信我揍你！""你打我试试！"福克斯司机虽然矮小，但毫不示弱。

二人你来我往，针锋相对。倏忽间，围上一群看热闹的百姓。交通因此堵塞，过往车辆无法通行，一时间笛声大作。骂仗升级，终于演变成武斗。有人报警，警察来了劝阻无效，只好把双方带回警局处理。

人群散去。作为情绪管理的讲师，我在楼上摇头叹息。因为不能掌控情绪，他俩与美好的周末清晨失之交臂。

那么，当坏情绪来袭时，我们如何掌控自己的行为，才能避免糟糕的结局呢？当情绪上来，可能爆发冲突时，不妨问问自己：

1. 我想要的是什么？
2. 我的表现，和我想要的目标一致吗？
3. 我怎么做，才能得到我想要的？

讲个我亲身的体验。我曾在一家美国公司工作，2014年七月份，要离开待了三年半的苏州工厂，到北京办公室上班。北京的同事说，你8月1号入职，但笔记本电脑在申请中，得8月中旬到位。我说那怎么办，他说你要不和苏州商量一下，离开时先别退还手中的电脑，等北京的到位后再还回去。我说没问题，就这么办。离开苏州工厂那天，我找苏州的同事说了这个请求。

第三课 社交时代,别独自用餐

苏州同事建议我最好和他们经理说下,他做不了主,按程序,离职的员工都得归还电脑。我直接拨通他们经理的座机,讲了来龙去脉,说可不可以一个月后再还。我信心十足,这不是什么大事儿。而且那位经理和我很熟,他听过我好多课。

万万没想到,他说这事儿不好办,按程序,离职都得退还电脑。我说我不是离职,只是在集团内部换了办公地点,以后还来讲课。他说以前有个经理,也是集团内部调动,去了菲律宾,三年了,他的电脑也没还。

听到这里,我这暴脾气,腾就上来了。我只是在中国区内部调动啊,每个月都会来讲课。况且你不能用别人的行为揣测我的表现啊,枉我和你私人关系还不错,这不是人走茶凉嘛。这台笔记本我用了三年多了,折旧完也就值300块钱,难道我还会藏着不还?

我差点儿脱口而出内心深处的想法,但咱毕竟是情绪管理的讲师啊,大脑迅速转动了一下,我想到了上面那三句话。

第一,我想要的是什么?就是借用电脑啊。

第二,我的表现和我想要的目标一致吗?如果我讲出来脑子里的这些话,就会和目标背道而驰。

第三,我怎么做,才能得到我想要的?

想到此,我在电话里问这位经理,我怎么样才可以把电脑借走呢?他说,你最好让总经理知道这事儿。我说,明白了。回到座位,我做了几次深呼吸,调整了情绪。然后给这位经理写了封邮件,重复了前因后果,问可不可以借走电脑。点击发

职场幸福课：把工作折腾成自己想要的样子

送前，我把苏州总经理的名字，放入了抄送栏。两分钟之后，电脑收件箱滴的一声响，这位经理回信：OK。

看到这三句话的威力了吧。当情绪上来时，肾上腺素飙升，我们往往会忘记最初的目标，变成不蒸馒头争口气了。问出第一句话，我想要的是什么，就会让你重回轨道。你是要蒸馒头，绝不是要争气。历史上的越王勾践卧薪尝胆，韩信受胯下之辱隐忍不发，都是这个道理。

回到那个周末清早，福克斯的司机要的是把车开走，带老婆和老娘愉快出行；而蛋糕店老板要的是顺利卸完东西，周末多卖点儿蛋糕。想明白这个，福克斯的司机就不会说对方没素质，蛋糕店老板也不想打人了。蛋糕店老板很可能说句"不好意思啊，挡你的路了"。赶紧上前挪车。司机也可能来一句"没事，没事"。双方各走各路，万事大吉。

一切人际冲突的本质，都是在情绪驱动下，有一方，或双方，偏离了最初的目标。如果能重新聚焦，必然会使互动重回正轨，选择最适于目标实现的行为。正所谓，不忘初心，方得始终。

十一、发脾气的正确姿势

有时候会有学员问："老师，在日常工作和生活中，我们是不是不能发脾气，发脾气是不是情商低的表现？"我斩钉截铁回答："不对。我们可以发脾气，发脾气也不一定意味着情

第三课 社交时代，别独自用餐

商低。"如果只有发脾气这种方式，才能实现你想要的结果，那就可以发脾气。但是，要注意发脾气的正确姿势。

首先，发脾气只适合一次性关系。

在人际关系中，有种思维模式叫赢输思维，我赢你输。这种模式只强调自己利益，同时伤及他人。虽然它比较低级，但在一次性交易中，倒也能够理解。这就能解释为什么有天价大虾事件，以及你去旅游购物，大概率会被坑。这都是一次性买卖，此生再见的概率，太小太小，他能坑就坑你啊。而在长期关系中，赢输模式就行不通。投桃报李，礼尚往来，发脾气会给对方造成伤害，而伤害换回来的，只有怨恨。

其次，发脾气要有助于目标的实现，或确保目标已实现。

我始终强调，小孩子做事，看心情。成年人做事，看利弊。你采取的行为，应该是有助于实现目标的，而不是让你离目标越来越远，甚至背道而驰。如果发脾气，是实现目标的唯一方式，那就发好了。或者，当你发脾气时，你的目标已经实现。

在苏州工业园的某个日子，我前往东环邮局给北京某出版社汇款。排队许久后，我递上汇款单，却被工作人员退回，理由是缺少收款人姓名。我解释是公家账号，无须具体姓名，但她坚持要求。我尝试与出版社沟通获取名字，却被拒，称直接汇款到账号即可。当我请她接听出版社解释的电话时，她却置若罔闻，让我尴尬地举着手机。愤怒之下，我重新填单，并决定投诉她。她以"上班时间不能接电话"为由辩解，我坚持要她道歉，否则将阻止其他人办理业务。值班经理介入后向我道

职场幸福课：把工作折腾成自己想要的样子

歉，但在我坚持要求下，那位工作人员才肯站出来向我道歉。

情绪，可以宣泄。但要保证汇款的目标已经实现。

最后，做好自我保护。

几年前，在苏州工业园我的住所楼下有个儿童游乐场。一晚，我正要进入梦乡，一群外国孩子的喧闹声打破了宁静。听声音，他们像是喝多了，正在庆祝生日。我本想忍耐，但他们的吵闹持续到深夜12点仍未停歇。忍无可忍的我，换上运动装，决定下楼处理。

我悄悄找到保安，告诉他们情况。保安表示已尝试劝离，但对方听不懂中文。于是，我带着保安回到游乐场，用英文要求他们离开。其中一个女孩似乎是他们的头儿，她摊开手表示困惑。我坚定地说："你们必须离开，不要打扰我们休息。"她反问："那我们去哪儿？"我回答："那是你们的问题，比如去金鸡湖边。"这时，两个醉醺醺的男生骑在儿童木马上开始骂人。我立刻大声用英语喝止他们："闭嘴！注意言辞！"在我的气势下，两个女生拉起了那两个男生，他们不情愿地离开了。

我成功用智慧和勇气赶走了他们。其实，下楼前我换上运动装是为了以防万一，毕竟面对一群醉酒的少年，安全最重要。我及时叫来保安，避免孤身应战。真是有惊无险啊！

我们要勇敢，但尽量做好自我保护，避免受到伤害。

弱者易怒如虎，强者平静如水。忍一时风平浪静，退一步海阔天空，这是真理。在一些非必要，无关紧要的时刻，忍让不是懦弱，恰恰是内心强大的表现。

第四课
与自我对话,选择想要的人生

一、你是谁,要到哪里去

我们一起来探讨人生的意义,这是我们和世界的关系。

在给学员讲课时,我会谈及经典的时间管理矩阵。有一次在某家外企讲课,刚刚讲完这个矩阵,有位同学举手提问:"老师,我做第一象限既重要又紧急的事,和第二象限重要不紧急的事,不就是为了有一天,实现第四象限的状态吗?做那些看电视、打游戏,无聊又享受的事情。"

他说得好像有道理,我竟无言以对。的确,我们终日忙忙碌碌,也盼着假期的来临,不用早起,不用打卡,沙发薯条,享受人生。但问题是,没有人可以一直待在第四象限,放纵享乐,无所事事。人吃饱喝足后,总是要干点儿更有价值的事情,寻找意义。

找到更高目标,就会斗志昂扬,继续出发;找不到,就会堕落放纵,寻找低级刺激。美国游泳名将菲尔普斯在 2008 年北京奥运会功成名就后迷失自我,放纵堕落。好在后来洗心革

职场幸福课：把工作折腾成自己想要的样子

面，重回泳池，在伦敦奥运会上再次绽放光芒。

所以，找到工作和人生的意义，至关重要。

在这里，我一般喜欢用"个人使命宣言"这个工具，带学员做人生探索。"个人使命宣言"这个概念出自《高效能人士的七个习惯》一书。在这个宣言里，你可以写下自己最深的渴望、人生目标、对你最重要的事、你想过怎样的生活、想做出怎样的贡献。它就如同你人生的宪法，既是做出重大决定的基础，又是跌宕起伏人生的指路明灯。个人使命宣言可以是任何形式，诗歌、图画，等等，亦可长可短，只要能反映你的心声，明确意义和方向。它也不是一蹴而就的，可以随着你的年龄和境况不断被改写。

我从 2002 年开始书写个人使命宣言，以下是最新的版本：

使命、准则、目标构成我的个人使命宣言。

使命——做一个正向积极影响他人的人。

准则——是我完成使命矢志不移的立场。

1. 无论做什么，都要发乎于心。
2. 看重大方向，不在意细枝末节。
3. 不断学习，以开放的心态面对一切。
4. 维持生命各方面的平衡。

目标——使命的细化，就是要完成的事情。

家庭方面：

关怀父母，使他们老年安乐。

第四课 与自我对话,选择想要的人生

爱妻子,让她幸福,不让她觉得嫁给我是个错误。

女儿和儿子生命中的重要时刻,我都在场。

女儿和儿子10岁以前,我平均每周要花10小时和她们在一起。

规划晚年,不成为孩子的负担。

事业方面:

为他人提供帮助和指导,助他人完成职业生涯规划。

社会角色:

保护环境,尽可能减少浪费。

帮助需要帮助的人。

自我:

每周锻炼至少两次,享受运动的快乐。

坚持阅读,每周阅读1本书。

每年做一次远途旅行,欣赏世间风物与美景。

坚持学习。每年至少学习一门新课题,或一项运动,或开拓一个新领域,或学会一门新技艺。

每周独处静思一小时,追求内心世界的祥和与宁静。

我的价值观:圆融,无期许地爱。

建议大家,书写一下自己的使命宣言。

人的一生,都避免不了要回答这三个终极问题:我是谁,我从哪里来,我要到哪里去。

所以在《西游记》中,唐僧每次跟人或者妖介绍自己,都会说:"贫僧唐三藏,从东土大唐而来,去往西天拜佛取经。"

职场幸福课：把工作折腾成自己想要的样子

你呢，你是谁？你从哪里来？你要到哪里去？

二、给自己的人生找到意义

养花养鸟养猫狗，可以延长寿命！不信？你看！

在《最好的告别》一书中，作者葛文德医生写了这样一个案例。

1991年，比尔·托马斯成为纽约州北部小镇新柏林大通疗养院的医疗主任。这所疗养院收住了80位严重失能的老人，一半老人身体残障，80%的老人患有阿尔茨海默病。和大多数同类机构一样，大通养老院蔓延着三大"瘟疫"：厌倦感、孤独感和无助感。这里死气沉沉，老人们目光呆滞，毫无生机。他们在护士的严格监控下，按时起床、吃饭、服药、参加各种活动，过着囚徒般的日子。

充满创造力的比尔·托马斯，决定做出改变。他标新立异地认为疗养院需要一些生命：他要在每个房间里摆放植物；他要开创一片菜园和花园；他要引入动物。出于健康和安全考虑，引入动物相对比较困难。但比尔通过不懈努力，跨越重重阻碍，最终拿到了许可！

"文化具有极大的惰性。"他说："所以它是文化，它之所以能发挥作用，是因为它持久，文化会把创新扼杀在摇篮中。"比尔弄来了两条狗、4只猫和100只鸟，以及一群兔子和一群下蛋鸡！这里还有数百株室内植物和一个欣欣向荣的菜园、花园。

结果呢？研究者研究了该项目两年间的效果，对比了大通和附近另一所疗养院的各种措施。他们发现：大通疗养院的居民需要的处方数量下降了一半，尤其针对痛苦的精神类药物，下降明显。总的药品开销只是对照机构的38%，死亡率下降了15%。

研究者没法解释原因，但是比尔认为他能说清楚："我相信死亡率的差异可以追踪到人对于活着的理由的根本需求。"

20世纪70年代初期，心理学家朱迪斯·罗丁和埃伦兰格做了一项实验，让康涅狄格州一所疗养院发给每个居民一株植物。一半居民的任务是给植物浇水，并参加一个关于在生活中承担责任的好处的讲座。另一半居民的植物由他人浇水。一年半以后，被鼓励承担更多责任（即便只是负责照顾一株植物这么小的事）的那批人更活跃，思维更敏捷，也活得更长久。

是的，养花养鸟养猫狗，可以延长寿命！

因为它们都是生物，都有生命，可以有效对抗三大"瘟疫"。针对厌倦感，生物会体现生命力；针对孤独感，生命能提供陪伴；针对无助感，生物会给老人提供照顾其他生命的机会。最后这点最为重要：照顾其他生命的机会，让人们可以体验到更有意义、更愉悦和更具满足感的生活。他们可以得到更多的价值感。

人最终都会走向死亡。唯一让生命并非毫无意义的途径，

职场幸福课：把工作折腾成自己想要的样子

就是设定超越自我的目标，把自己视为某种更宏大事物的一部分，实现价值，找到意义。

在我的"职场幸福课"里，我把"工作意义"视为幸福必不可少的要素之一。唯有在现有的工作中找到意义，或者找到有意义的工作，一个人才能充分发挥内在驱动力，积极幸福地工作和生活。没人愿意一直庸庸碌碌地活着，总是想实现自我价值，找到人生意义。所以，打了一天游戏，刷了一天网页，看了一天连续剧后，我们往往会有自责感。

同样，某段时间只为钱工作无可厚非，但早晚，你的精神会开始有更多诉求。我们愿意超越自私自利，愿意成为更宏大目标的一部分，愿意为他人的福祉奉献和服务。

如果我们不辨识或主张想做什么——我们想经由工作实现的目的，总有人乐意拉我们去实现他们的目标。大部分时候，都与钱有关。不知道自己想要什么？好吧，你可以帮我赚钱。把你的劳力、智力给我，我知道可以用来做什么。如果生命廉价，它仅有的价值取决于别人愿意出多少。我们能做的，就是把技能、劳动和经验打包卖个好价钱。与之相反，如果生命有固有的价值，那用来做什么就至关重要。如果生命能创造不同，那你的作为就会带来改变。将生命花费在所爱之事上，与卖个高价被人雇用，完全不同。

正如尼采所言：人只要有活下去的理由，几乎什么都能忍受。生活有意义，就算在困境中也能甘之如饴；生活无意义，就算在顺境中也度日如年。

第四课 与自我对话，选择想要的人生

三、别给自己的人生留下遗憾

邦妮·韦尔是澳大利亚的一位作家，三十多岁开始投身临终关怀事业。她在博客上发表文章，记录那些濒死而彻悟的人的故事。这些文章引起了大量关注，后来她把这些故事集结成为一本书——《临终前最后悔的五件事》。

韦尔写下了在生命尽头，人们对一生的回顾和大彻大悟，以及我们可以从他们的智慧中汲取到什么。

"当被问及有什么遗憾，或者重新来过的话会有何不同时。"她说道，"同样的主题一遍遍出现。"这是韦尔目睹的，人在临终前的五大遗憾：

1. 我希望有勇气过自己想要的生活，而不是活在别人的期望里。

"这是最普遍的遗憾。当人们意识到生命就要完结，回首一生时，很容易看到好多梦想都没有实现。多数人没尊重自己的梦想，临死前才明白这是因为他们的选择，或者当初没做某个选择。健康的时候，很少有人意识到这些。"

2. 我希望工作没那么努力。

"这个答案出自我照顾的每个男性之口。他们错过了孩子的成长期，也没有好好陪伴配偶。女人也会谈及这个遗憾，但因为过去的时代，多数女人都不养家糊口，所以这个遗憾没男性那么多。我照顾的所有男性都深深后悔花太多时间在职场里

职场幸福课：把工作折腾成自己想要的样子

了，如同身处停不下来的跑步机之上。"

3. 我希望有勇气表达自己的感受。

"许多人为保持和平，会隐藏自己的感受。结果，他们安于平庸，从没有真正成为他们有能力成为的人。许多人都带着痛苦和怨恨生活，最后发展为疾病，郁郁而终。"

4. 我希望和朋友保持联系。

"人们往往意识不到老友的可贵，直到没几天活头儿的时候。而那时，也不是总能联系到对方。许多人陷在自己的生活里，任由珍贵的友谊消弭于时光。很多人特别遗憾没把时间给朋友，没为对方付出精力。临终时，每个人都怀念朋友。"

5. 我希望自己更幸福。

"这是非常普遍的一个遗憾，令人惊讶。许多人临死前才明白，幸福是一种选择。他们囿于旧模式和习惯，所谓的熟悉的"舒适"掌控了他们的情绪，也限制了他们的生活。而在内心深处，他们渴望傻子般地开怀大笑。

到目前为止，你最大的遗憾是什么？在未来的生活里，你想实现什么，或改变什么？

四、世间最难的事：认识你自己

有人问希腊哲学家泰勒斯："世间什么事最容易？"泰勒斯说："给别人提建议。"人家又问，"世间什么事最难？"泰勒斯答："认识你自己。"

第四课　与自我对话，选择想要的人生

的确，我们一生，都在试图搞明白自己。而答案，有时清楚，我就是这样的；有时含糊，模棱两可，似是而非。而自我意识，又是那么重要。丹尼尔·戈尔曼也把它归为情商的一部分。在《情商》一书中，丹尼尔把情商定义为：对自己情绪的控制能力和在社会上的交往能力。

他认为情商主要包含四个方面：自我意识、自我管理、社会意识、影响他人。自我意识是个人对自身性格、行为、习惯、情感反应、动机以及思维过程的了解。它是情商的基础。

在"职场幸福课"中"工作意义"这个模块，我会带领大家从快乐（兴趣）、优势、意义三个方面，进行自我探索，试图帮同学们定位其最佳职业，如图4-1所示。

职场幸福模型

图　4-1

一个让你感到快乐，能发挥优势，并且觉得有意义的工作，当然是完美工作了。

职场幸福课：把工作折腾成自己想要的样子

1. 兴趣探索

谈到兴趣，我建议大家做下霍兰德测评。霍兰德认为，每个人都有自己的特质，而每种工作对人的要求也不同。如果特质和工作能匹配，人们就会感到快乐。

他将人分为六种类型：

R 型人适合做技术类工作，比如工程师、运动员、医生。那些小时候喜欢拆手表、收音机、闹钟，但又装不回去的男生，应该都有 R 型人的特质。

S 型人适合做与人打交道的工作，比如教师、护士、HR。如果没有 S 型人的助人济世情怀，做老师和护士类工作，会觉得特别辛苦。

A 型人适合做艺术类工作，比如演员、乐手、服装设计。我认识一个护士，每次给病人扎完点滴，都会用胶布，把输液管在病人的手上打成蝴蝶结，这种将平凡工作做出花样儿的劲头儿，正是 A 型人的表现。我还认识一个搞装修的小伙，铺地板自己觉得铺得不满意，不等客户要求，就会撬起来重新来过，体现了 A 型人追求极致的特质。

C 型人适合结构化程序性的工作，比如公务员、财务、行政。我近来经常给公务员讲课，奉劝那些准备投身公仆系统的同学，如果你霍兰德测评里 C 型人得分很低，就不太适合做此类工作。

I 型人适合研究探索性工作，比如编程、科学研究、数学家。

第四课 与自我对话，选择想要的人生

E 型人适合开创性工作，比如创业、营销、管理。

一般来说，我们会是几个类型的混合，比如我的霍兰德组合是 SAE，做培训师，还是蛮适合的。

在网上随便一搜，你就会找到霍兰德测试。找到适合自己的工作很重要，强烈建议你们测一测。毕竟，所谓的职场幸福，就是做自己喜欢并能养活自己和家人的工作。

2. 能力

优势就是你独特的能力，它包括三个方面：知识、技能、才干。

知识很容易通过学习和搜索获得，比如情商这个概念，给你两个星期，不用请教任何人，你就可以通过上网、读书等手段，成为这个领域的专家。

获取知识很容易，技能就需要磨炼了。所以，刚拿到驾照的司机，只有经历很多次刮蹭，才能摘掉"马路杀手"的帽子。吉他手知道每根手指该放哪里，还是要忍受很长一段时间的痛苦，才能自如按好 F 和弦。

才干是能力最核心的部分，也就是天赋、性格特质等。知识和技能决定你能否成为专家，而才干决定你能否成为专家中的专家，高手中的高手。

怎么能知道自己的独特才干呢？推荐大家阅读《盖洛普优势识别器 2.0》。

讲一下这本书成书过程。盖洛普咨询公司的顾问，在全球范围内找到在各个领域出类拔萃的人，就问他们一个问题："请

职场幸福课：把工作折腾成自己想要的样子

告诉我，你为什么这么优秀？"

访谈对象给出的答案不一而足：有的说，我天生就有领导力；有的说，我很容易和别人建立信任关系；有的说，我执行力特别强等。盖洛普顾问把所有的答案做了归类，最后总结出34个对于成功至关重要的影响因素，也就是人的天赋才干。你买完书，根据书里提供的密码登录盖洛普公司网站，经过测评，留下邮箱，会收到一份报告，可以知道自己排在前五的天赋。如果你想了解更详细的内容，就需要再付费，可以拿到34项天赋优势的全部排名。

比如我的五大天赋是：

完美。我不会满足于将一件事情做到平均分，而是要做到最好。比如我的"职场幸福课"，我会努力把它打造成中国最实用的幸福课之一。

积极。我关注事物积极的一面，相信未来会更好。

前瞻。我总在规划未来，描绘更美好的蓝图，追求梦想。

思维。我喜欢思考，喜欢一个人待着，除了讲课和写作，不喜欢高谈阔论，不喜欢热闹，一盏灯，一本书，一个不被打扰的空间，是极致的舒服。

理念。我喜欢概念，喜欢探究事物间的联系，喜欢建构自己的思维系统，然后用这套系统，解构所有事物。

这个测评最好的地方在于，盖洛普公司将34个优势做了归类，把它们分为战略规划、影响力、关系建立、执行力四个领域。你可以看看自己排在前五的优势，更多落在了哪个领域，对于自己未来的职业选择、工作方向具有很强的指导作用。

比如我的五大天赋中前瞻、思维、理念都属于战略规划，我是比较具备创造力的。完美属于影响力范畴，积极属于关系建立范畴，在执行力里面，我一个都没有。我是一个执行力很差的人。

3. 意义

你知道自己的驱动力所在和力量源泉吗？工作也好，生活也好，你的动机是什么？你就觉得怎样才有意义？

哈佛大学麦克利兰博士提出了三大社会动机理论，如图4-2所示，我们做事的动机来自三个方面：**成就、亲和、权力**。

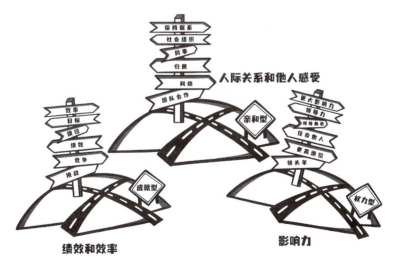

图 4-2 三大社会动机

拥有成就动机的人，乐于挑战自我，追求目标的达成，喜欢竞争；拥有亲和动机的人，在乎他人感受和社会关系；拥有权力动机的人，追求地位、影响，享受做决定和发号施令。

人们通常是两种动机混合在一起，比如我是成就＋亲和型。我享受挑战自我，追求目标的完成，同时又在意他人的感受，喜欢和谐的氛围。掌握权力，身处要职，指手画脚，吆五喝六，从来不是我的追求。所以在当年决定职业路径时，我选择成为培训师，而不是要面对冲突、影响员工福祉的 HRD。

好了，了解了自己的兴趣，清楚了自己的能力，知道了自己的动力来源，你的自我意识应该够强了。

一旦认识了自己，过去的一切都有了解释，未来的一切都有了方向。一旦认识了自己，我们就会更加坚定，更加平和；更加独立，更有定见，更加从容；更能使出洪荒之力，更能彰显个性。

五、张开双臂，拥抱这自由自主的时代

推荐三本书：《驱动力》《全新思维》《全新销售》，它们的作者都是丹尼尔·平克。丹尼尔是全球 50 位最具影响力的商业思想家之一，TED 演讲人，《纽约时报》《哈佛商业评论》等知名杂志撰稿人。他的著作和近来炒得火热的凯文·凯利的《必然》《失控》一样，极其具有前瞻性。

比如在《驱动力》这本书里，他就着重论述了在互联网时代如何提升企业员工以及个人的内在驱动力，十分适合企业管理者，或者不甘平庸与寂寞、苦苦寻觅自己内在动力的个人阅读。怎样管理新生代员工，一直是令领导者头疼的话题。丹尼尔·平克给出了提升新生代员工驱动力的三大法宝：自主、专精和目的。

今天着重说说自主。自由和自主是驱动90后，更进一步扩展，也是驱动80后、70后，甚至所有人的首要因素。

第一，工作内容自主。

即员工可以决定，或至少部分决定工作的内容。这是提升员工满意度和激发创造力的有力手段。

在3M公司，员工可以把15%的工作时间用在和自身工作内容无关的项目上，去研究他们感兴趣的问题。我们现在所用的黄色即时贴，就是3M员工在这15%的自主时间里发明的。

自主权和掌控权，才能激发人的动力。

有位读者在我的公众号下面留言说："老师，那天读了你写的文章后我特别受鼓舞。我也想趁年轻，好好折腾折腾。可我的父母，希望我毕业后回老家做个老师，安安稳稳地过一辈子。你说我该怎么说服他们？"我回复说："别企图说服。因为两代人观念和思维不同，有时候你是不可能说服他们的。那如果父母坚持己见怎么办？或许可以选择温和地解释，证明自己可以面对挑战，而不要激化冲突。"

职场幸福课：把工作折腾成自己想要的样子

我们为何如此支持年轻人自己做选择呢？因为自主才会激发内在动力。

第二，工作时间自主。

未来的职场，一定是工作时间更弹性的世界。比如老师有很长的、令人羡慕的寒暑假。他们可以有更多可以自己支配的时间。只要完成工作任务后，时间可以自主。

第三，工作方法自主。

从北京去上海，可以坐飞机，也可以坐高铁，还可以熬一宿卧铺。路径和方法不那么重要，达到目的就行。

在公司管理中，在工作方法上，也不妨给新生代员工更多自主权。事情一定要这么做才行吗？未必，条条大路通罗马，让员工自主决定工作的方式。

比如让电话客服人员在家办公。移动互联时代了，能用网络解决的，何必见面沟通。

第四，工作团队自主。

未来的职场，人们对组织的归属感和责任感转向对项目负责。社会上，也会出现越来越多的手艺人和专家。他们不隶属于任何组织，而是被相似的价值观召唤到一起，临时组队，共同完成一些项目。从项目中拿到各自的回报。有时是钱，有时是自我价值的实现。

所以，在未来的职场，有两类人感觉会比较舒适。一类是精通某个领域的专家，他们凭手艺吃饭；另一类，是能够连接这些专家的，开发合作项目或打造平台的人。

六、没有谁的话可以左右你的人生

有一次在上海某个大学做演讲,主题是:我的大学我做主——走好三步,创造多彩生活。在图书馆报告厅,约三百位同学参加了这次讲座。从现场的反应和自己的感觉,我认为演讲挺成功的,所以演讲结束之后,一直挺开心。

第二天早上打开微博,我收到一位 A 同学的私信:"老师,我能问一个问题吗?"我说:"可以啊。"然后这位同学说:"您的讲座内容不新颖,讲的也都是一些前辈讲过的道理。而且您到各地估计都要重复讲,这样的生活您觉得有意思吗?您大谈人生哲理,但您真的明白人生的意义吗?我觉得像您这样有才华的人,更应该去改变一个人,而不是开个讲座坐而论道!"

沉浸在成就感中的我,被这个孩子的话,严重刺激了。然后,我用微博私信和这位同学进行了交流。下面是我们的私信记录,为了阅读的方便,我做了一些顺序调整,也稍加了一些文字修饰,但原意没有丝毫改变。

我的答复:

首先感谢你的关注和探讨。关于你表述的观点,我的意见是这样的——

1. "内容上不新颖,讲的也都是前辈讲过的道理。"

其实,你从哪里都听不到太新颖的东西。我每年读书 100 本左右,也读不到太多没听过的新看法和新意见。讲座和我做

职场幸福课：把工作折腾成自己想要的样子

的培训一样，大部分时间不是传授新概念和新知识，只是唤醒你已知、但还没有完全做到的事情。

2."您到各地都是重复讲，这样的生活您觉得有意思吗？"

我到各地讲的东西有重复性，但每次都不同。昨天在你们学校讲的，是我全新设计的内容。而这样的生活，我觉得有意思。我们每个人，都没有资格去判定别人的生活是不是有意思，只要对方认为好，就好。这也是为什么我的讲座让大家自己用工具找生活方向，而不是去按我说的做。

3."您大谈人生哲理，但您真的明白人生的意义吗？"

我昨天好像没怎么谈人生哲理，说的都是大实话。我不敢说我明白人生的意义，你觉得人生的意义是什么？我无法明白别人生命的意义，我只能说，经过探索和思索，我明白我自己的。

4."我觉得像您这样有才华的人，更应该去改变一个人，而不是开个讲座坐而论道。"

谢谢你对我的认可，承认我的才华。我应该不是一个坐而论道的人，我的行动力还蛮强的。我做演讲、写书、培训，都是在影响和改变一个人啊。如果你认为还有更好的改变一个人的方式，可以告诉我，我愿意听取意见。

A同学这样回复：

那天刚下课我们就急匆匆地跑去，本想可以听到什么可以改变人生的话，毕竟您是知名人士，应该不会像高中听的那些讲座一样！但最后呢，感觉还是一些啰唆的话。

我的回复：

第四课 与自我对话，选择想要的人生

同学，没有什么话可以改变你的人生。把别人的话化为行动，才能改变人生。你觉得我的讲座啰里啰嗦，我很遗憾。而演讲的结尾，也有同学来跟我握手，说我的演讲很棒，我会替他们感到高兴。两三百人，我没有能力让所有人都认可我的讲座，也没能力让所有人都信服。

A同学回复：

并不是这样的，老师！我是觉得您是个有能力的人，是个有才华的人，您可以尝试着去改变自己，改变自己的方式，我想您一定可以成为一个改变他人的人！毕竟我没有权利批评一个与我素不相识的人！老师，我相信您一定会成功！

我的回复：

你为什么要让我去改变呢？我一直在尝试突破和改变，我没有在重复别人的生活。我在演讲、在写书、在给别人做教练，都是在突破，和试着影响更多人。我有本职的工作，这些已经是突破了。

你关于成功的定义是什么？每个人对成功的定义都不一样，我们不能拿自己的定义去衡量别人是否成功。我在自己的定义里还算成功。我这两年，比较认同这个关于成功的定义：逐步地实现事先设定的有价值的个人目标。从这个角度讲，我设定的目标在逐步实现，所以我是成功的。也希望将来，你能获得自己定义的成功。

私信聊完后，我觉得这个事情还是蛮有意思的，就把整个过程整理在这里。关于这次校园演讲，还有这个孩子的一些观

职场幸福课：把工作折腾成自己想要的样子

点，再补充几点：

有时候做校园演讲，来的同学没有预期多，负责的老师会和我说："王老师，不好意思，学生没来那么多。"我一般会安慰老师："没问题，来多少人，我就给多少人讲。我曾经做过学生会主席，理解组织讲座的不容易。如果讲座安排在下午，还会有同学睡觉。"老师回头看看，很不好意思。我会说："没事，我小点声，不要打扰了睡觉的同学。"演讲时，我尽量使用多种手段，故事、笑话、视频、游戏等，吸引学生的注意力。即便如此，我深知，我没能力让所有人认可我。

第一，人家觉得好，你就别逼着人家改变。

在上面的对话里，A同学问了我几次：老师，你为什么不试着去改变一下呢？我有些纳闷，我活得好好的，自以为很自在，你为什么要问我这个问题，为何要逼着我改变呢？

前些日子，一位博友留言："王老师，我有个朋友，特别消极，总是牢骚满腹，总觉得自己对现实无能为力。我们可以怎样帮这个朋友？"我的几位咨询界的朋友，如赵昂老师、于翠霞老师，纷纷表示：人家消极，人家牢骚满腹，人家都没急着改变，你着什么急呢？每个人有决定自己生活的权利。

鸡蛋，从外打破，是食物；从内打破，是生命。人生，从外打破，是压力；从内打破，是成长。所有的改变，都是由内而外发生的，这样的改变，才会充满动力，才会恒久。

我在农村长大，饮马的时候，它主动低头喝才行。你按着马头非要它喝，它会强烈地抗拒，弄不好还会撞你，甚至撂蹶子踢你。所以你不能逼我改变,我也不会逼你们改变。

我们的演讲,我们的文字,都是针对那些想要改变的人的。他们不甘现状,寻求突破,而我们的话语,我们的文章,恰逢其时地出现,会给他们指引方向,会增强他们的动力。那些安于现状不愿动弹的人,还是痛得不够。痛够了,就行动了。或者他们在抵触和逃避,而我们永远无法叫醒一个装睡的人。

第二,人生的意义到底是什么?

首先,人生本没有意义,是我们赋予了人生意义。或者说,你认为人生的意义是什么,它就是什么。其次,谁都不能告诉你人生的意义到底是什么。别人告诉你的,都是他们的,不是你的。你,需要找到属于你自己的人生意义,成长为自己想要的样子。

七、每一个昂扬的生命,都值得被赞赏

昨晚一个朋友分享了她弹奏尤克里里的视频。我点开视频,伴着一个甜甜的女声,尤克里里欢快俏皮的节奏倾泻而出。她弹唱得真好听,我和老婆都被感染了。而我女儿,撇撇嘴,有些嫉妒、有些不屑地说:"这句不在调上,哼,好几句都不在调上,唱得一点儿也不好。"

听到她的评判,我心中十分不悦。关掉视频后,我对她说:"闺女,唉,我拿什么拯救你,这可怜的情商啊。或许你还太小,不能完全理解和接受。而老爸想跟你说,你要学会欣

职场幸福课：把工作折腾成自己想要的样子

赏和赞赏！你不是歌唱比赛的评委，不必评判，不必那么毒舌。对于别人的努力，我们最应该做的，就是赞赏。"

是的，每一个昂扬的生命，都值得被赞赏。

而我们身边，总有些暮气沉沉、故作清高的评论家。有人跑个半马晒个朋友圈，他鼻子一哼："有啥了不起啊，有本事跑全马我看看啊。"有人比赛拿个奖，他嘴角一撇："平时成绩都不如我，得瑟啥啊。"有人鼓起勇气唱一首歌，他眉头一皱："哎呀妈呀，这调儿跑的。"这种人其实很讨厌。

虽然有时候，他们显得有些笨拙，有些蹒跚，有些幼稚。但那是生机，那是昂扬，那是向上。值得我们鼓掌。

我写过一篇文章，谈到找我咨询过的两个年轻人。我说他们目标已经明确，但迟迟不见行动，真是让人不能理解，太让人着急。其中一个年轻人读到文章，给我写了长长的评论。虽然我已经化名，但她知道在说她。她说："老师您不应该那样说我。每个人都背负着自己的包袱，有自己的生存处境，我要做出选择和采取行动，远没有您说得那么轻松。"她的回复刺痛了我，让我汗颜。

以己度人，擅加评断，是我们经常会犯的错误。每个人都受原生家庭和所处环境的限制。所以你认为的理所当然，或许人家已经拼尽全力；你嗤之以鼻不屑一顾的，或许人家已经倾其所有。

那些冷言冷语的评论家，还不一定比别人强。他们只是拿讽刺，掩饰自卑；拿打击，让别人不求进取，沦为自己的同

第四课 与自我对话，选择想要的人生

类；拿不屑一顾，遮挡自己少得可怜的勇气。不如你的人，才会在背后捅刀，才会冷嘲热讽，风言风语。比你优秀的人，哪有时间理你？

真正自信的人，是谦和的，包容的，海纳百川。他们自己好，也看得了、容得下别人好。你好，我好，大家好，才是真的好。对别人的努力，别人的好，我们最要学会的，是欣赏。

每一个昂扬向上的生命，都值得被赞赏。

八、春节年年有，记忆最深的，只有那么几个

春节年年有，记忆最深的，只有那么几个。

大三那年春节，放寒假我没回家，在学校勤工俭学赚学费。年三十儿那天晚上，我和隔壁社会学专业几个没回家的朋友，在我们宿舍，炒了几个菜，买了点儿花生、瓜子、榨菜，一起过年。

记得我炒了个蒜黄鸡蛋。那是我这辈子炒的第一个菜。几个留校的同学，边喝酒，边用一个小黑白电视看春晚。开始还有说有笑。而当那首歌曲《常回家看看》响起时，我们都沉默了。一个姓苏的朋友，眼睛里湿湿的，举起酒瓶倡议："来，喝一个！"我们纷纷举瓶，乓、乓、乓的碰杯声，没入鞭炮齐鸣的北京城。

正月初一到初八，我在地坛庙会卖了几天彩票，赚了点儿钱，在宿舍又熬了几天。由于实在想家，正月十三，忍不住买

职场幸福课：把工作折腾成自己想要的样子

了张票，坐了二十二个小时绿皮火车，在半夜时分，回到家乡的小站。东北的夜，干冷干冷的，皓月当空。只有我一个人下车。站台上，穿着厚厚的棉衣，个子矮矮的母亲在等我。我几步跑过去，扔下箱子，和她抱在一起。

老妈拍着我的背说："儿子，可想死我了。"我搂着她的背说："我也想你。"那是成年以后，我第一次拥抱母亲。

工作第一年，生活特别困顿。我孤身一人，跑到天津一家混凝土公司工作。那年大年三十儿，同事们都回家过年，我在公司的搅拌站值班。偌大的厂区，整齐地停放着一辆辆混凝土搅拌车。几个水泥大罐，高高矮矮并肩而立。推开门卫室的大门，寒风呼地一下扑面而来。满耳都是噼啪的鞭炮声，满眼都是绚烂的烟花。我内心特别孤单。

我裹紧黄大衣，又返回值班室。拨电话给刚认识不久的女朋友，说："我很想你。"正月初五，女朋友就从家返回天津陪我。在天津站，我到站台里接她。火车慢慢停下，我在站台上，看到车窗里的她，她也看到了我。我们，相视而笑。

多年以后，我们偶尔会聊到那个春节。老婆会说："那天，隔着车窗，看到你嘴角的笑，我就觉得，那么早从家里回来，一切都值得。到现在，我还能想起你那天的笑。"我会说："那天，隔着车窗，看到你，我觉得热乎乎的。一直以来，我都是个浪子。而你，让我感到温暖而安定。"

春节年年有，记忆最深的，只有那么几个。因为，父母、妻子、孩子，是我们生命中最大的意义。